नयी पौध

नयी पौध

नागार्जुन

राजकमल प्रकाशन

ISBN : 978-81-267-1332-5

मूल्य : ₹595

पहला संस्करण : 1953
राजकमल प्रकाशन द्वारा पहली बार : 1980
पहला सम्पूर्ण संस्करण : 2007
चौथा संस्करण : 2024

प्रकाशक : राजकमल प्रकाशन प्रा. लि.
1-बी, नेताजी सुभाष मार्ग, दरियागंज
नई दिल्ली-110 002
शाखाएँ : अशोक राजपथ, साइंस कॉलेज के सामने, पटना-800 006
पहली मंजिल, दरबारी बिल्डिंग, महात्मा गांधी मार्ग, प्रयागराज-211 001
1, अनमोल सोराबजी संतुक लेन, धोबी तलाव, मरीन लाइंस, मुम्बई-400 002

वेबसाइट : www.rajkamalprakashan.com
ई-मेल : info@rajkamalprakashan.com

मुद्रक : बी.के. ऑफसेट
नवीन शाहदरा, दिल्ली-110 032

NAYI PAUDH
Novel by Nagarjun

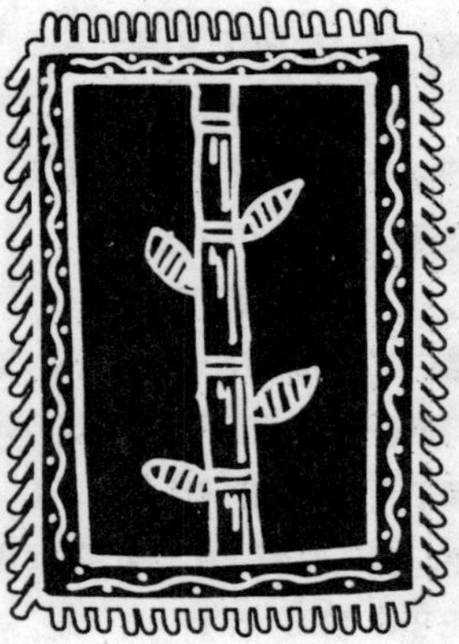

एक

जेठ का महीना था।

लगन के दिन थे। अबकी दो साल बाद ये दिन आए थे। इन दिनों का बाट जोहते-जोहते कई बूढ़ियों को उन्निद्र रोग हो गया था। कोई पोते की लड़की के दामाद का मुँह देखकर मरने की बात करती थी तो किसी का मनोरथ नतनी के बेटे की बहू का घूँघट हटाना-भर रह गया था। कोई परपोते का मूँड़न-छेदन देख लेना चाहती थी। किसी की परपोती छिकी पड़ी थी, वह उसका ब्याह देखकर ही इस धरा-धाम से विदा होनेवाली थी। विधवा सहुआइन ने बड़े उत्साह से चभच्चा खुदवाया था, इन्हीं दिनों में वह उसका जग[1] करनेवाली थी...

गरज यह कि लगन के दिनों की इन्तजारी में ढेर के ढेर काम रुके पड़े थे।

पंडित खोंखाइ झा की नतनी क़ाफी खूबसूरत थी। चौदहवाँ टपकर[2] पंद्रहवें में अभी उसने पैर रखा ही था कि यह जेठ का महीना आ धमका। अब उसकी शादी होनेवाली थी। समूचा गाँव चौकन्ना

1. यज्ञ, 2. पार करके।

था कि खोंखा पंडित इस परी के लिए कैसा दूल्हा लाते हैं।

खोंखा पंड़ित पर प्रजापति विधाता की बड़ी दया थी। सात लड़कियों और पाँच लड़कों के 'पूजनीय पिताजी' होने का सौभाग्य उन्हें प्राप्त था।

पंडिताइन का कद दिन से दिन नाटा होता गया और 'दैव की इच्छा' ही उसके तमाम दुःख-दर्दों की दवा थी। आँख-मुँह और कान-नाक का नक्शा अच्छा था, सूरत गेहुआँ थी। पंडित की अपनी कांति साँवली थी तो क्या हुआ, बच्चों की शकल-सूरत पर माँ की ही छाप पड़ी थी। पंडिताइन का शील-स्वभाव भी मीठा था, बोल भी उनके मीठे थे।

जथा-जाल[1] मामूली था। पेशा था पंडिताई का। जमीन इतनी ही थी कि चार महीने का बुतात उसकी उपज से निकल आता। विद्या से ही उनकी असल आमदनी थी। भागलपुर, मुंगेर, संथाल-परगना और पूर्णिया—इन चारों जिलों में खोंखा पंडित का नाम था। आवाज सुरीली और मीठी होने से भागवत की उनकी कथा लोग कान पाथकर[2] व मन लगाकर सुना करते। अब तो खैर सर्धा-विश्वास कम हो गया, पहले मगर भागवत से काफी आमद थी। पुराने ढर्रे की साहख़र्ची और पास-पड़ोस के लोगों से यश पाने की भूख—इन दोनों लतों ने खोंखा पंडित को तबाह कर रखा था। पहली लड़की की शादी अच्छे घर-वर देखकर की थी। सबने उस रिश्ते को पसंद किया था। हिटलर की लड़ाई छिड़नेवाली थी। चावल रुपए का दस सेर और घी सवा सेर आता था। पूस में साल-भर का खेवा-खर्चा जुटाकर पंडित घर में भर लेते और खुद निकल जाते जजमनिका[3] में, पूरब या दच्छिन की ओर।

सौराठ[4] में शादी के उम्मीदवारों का जो मेला लगता है, पंडित अपने बेटों को लेकर वहाँ पहुँच चुके थे। लड़की या लड़के का ब्याह ठीक कराने के लिए गाँव के और लोग भी सौराठ गए थे।

घर में ब्याह की पूरी तैयारी थी। महीन चावल, अरहर की दाल, गेहूँ का आटा, घी, तेल, कई किस्म के अचार, धोतियों के दो जोड़े, दुपट्टा, पगड़ी, घूनस[5], दो साड़ियाँ, सुपारी और चीनी...

---

1. धन-सम्पदा, 2. फैलाकर, बिछाकर, 3. यजमानी, पुरोहिताई, 4. एक स्थान जहाँ ब्याह की बात पक्की होती है, 5. घूँघटदार सेहरा।

बिसेसरी की नानी ने तमाम जरूरी चीजें जुटा रखी थीं।

पंडित ने स्वयं नतनी का नामकरण किया था—विश्वेश्वरी ! भूल से भी उनके मुँह से 'बिसेसरी' नहीं निकलता। एक-एक अक्षर मानो प्रयत्नपूर्वक कंठ, तालू, होंठ और दाँत-जीभ से टकराकर निकलता। लोगों से शब्दों का शुद्ध उच्चारण करवाने का उनका उत्साह अब तो काफी ठंडा पड़ चुका था, लेकिन पंडिताइन को वह यदा-कदा फिर भी डाँट दिया करते थे—"क्या बिसेसरी, बिसेसरी करती हो ! तुम्हारे पिता तो वैयाकरण केसरी थे न ? बाप का संस्कार क्या कौड़ी-भर भी तुम्हारे हिस्से में नहीं पड़ा ? हे राम !!"

ऐसे अवसरों पर पंडिताइन गम खा जाती, बकर-बकर ताकती रह जाती अपने पतिपरमेश्वर के मुँह की ओर। बेचारी ने संस्कृत-प्राकृत-अपभ्रंश के संबंध में अनेकों प्रवचन सुन रखे थे, लेकिन ऐन मौके पर मानो उनकी जीभ फिसल जाती—"बिसेसरी !"

आखिर एक दिन यह अफवाह उड़ ही गई कि आज संध्याकाल खोंखा पंडित सौराठ से दूल्हा ला रहे हैं...शकल-सूरत तो उसकी ठीक है मगर उमर अधिक है...बहुत बड़ा काश्तकार है... सीतामढ़ी से पच्छिम कहीं उसका घर है...यह पाँचवीं बार वह दूल्हा बन रहा है...

गाँव के सयानों ने अपने को इस पर 'अगम कुआँ'[1] बना लिया। इस अफवाह पर किसी प्रकार की टीका-टिप्पणी करने से उन्होंने बिलकुल इन्कार कर दिया। मुँहफट लोग फूटे ढोल की तरह इधर-उधर बोलते फिरे, डोलते फिरे !

औरतों की कानाफूसी पंडिताइन के लिए दुश्चिंता का विषय बन गई। रामेसरी को वह क्या कहकर दिलासा दे, कुछ समझ में नहीं आ रहा था।

रामेसरी बड़ी लड़की थी और आज तेरह साल से विधवा थी। उसने बड़ी कोशिश की कि ससुराल में ही जमी रहे, लेकिन जेठानी और देवरानी ने बेचारी के खिलाफ एक अजीब संयुक्त-मोर्चा बना लिया तो भागकर माँ-बाप की छाया में आ गई थी।

अपने पिता की इधर की गतिविधि से रामेसरी बड़ी शंकित रहती थी। शंकित होने का कारण क्या था ?

1. परम गम्भीर।

कारण यही था कि रामेसरी को छोड़कर बाकी छहो बेटियाँ खोंखा पंडित ने बेच डाली थीं।

महेसरी से उन्हें 1100) मिले थे।

भुवनेसरी से 800) मिले थे।

गुनेसरी से 700) मिले थे।

गुंजेसरी से 1000) मिले थे।

वानेसरी से 700) मिले थे। और—

धनेसरी से 900) मिले थे। और अब बिसेसरी का नम्बर था। फसल तैयार खड़ी थी, कटने-भर का विलंब था !

रामेसरी अपने अभाग पर उतना कभी नहीं रोई जितना कि बहनों की बदनसीबी पर रोती रहती थी। सभी बहनें माँ-बाप को सराप दिया करती थीं। कोई गूँगे के पल्ले पड़ी थी तो कोई बौड़म के पल्ले। कोई तीन जिला पार फेंक दी गई थी तो कोई पाँच सौ कोस पर। उनमें से चार को भाग्य ने वैधव्य के बीहड़ जंगल में डाल दिया था। एक पगली हो गई थी, एक को उसके आदमखोर पति ने किरासन तेल की मदद से जलाकर खाक कर डाला था।

अपनी बच्ची के सौन्दर्य पर जहाँ उसे अभिमान था, वहीं अपने बाप के राक्षसी लोभ पर उसके मन में घृणा ही घृणा थी। कई बार वह सोचती कि बिसेसरी को कनेर की गुठली घिसकर पिला दे ! क्या करेगी जीकर बिसेसरी ? ऐसी जिन्दगानी से मौत लाख गुना बेहतर !! मगर, माँ का मोह रामेसरी के परिताप पर मानो चंदन का लेप चढ़ा जाता। वह सोती हुई बिसेसरी को खींचकर अपनी छाती से सटा लेती। होंठों को आहिस्ते से चूमकर गाल से गाल सटाकर अपनी बेचैनी पर हावी हो जाती। साँस अपनी स्वाभाविक गति पर आ जाती और फिर निद्रादेवी का दरबार बेचारी को अंदर दाखिल कर लेता।

रामेसरी ने ममता का मक्खन और स्नेह की सुधा खिला-पिलाकर बिसेसरी को पाला-पोसा था। बड़े ही जतन से उसने लड़की को अपर प्राइमरी[1] तक शिक्षा दिलवाई थी...

रामेसरी थोड़ी देर अकेले में जाकर चटाई पर औंधी लेट गई, भाभियों की नजर बचाकर। वह बहुत कुछ सोचती रही—लड़की के

1. दर्जा चार तक।

जीवन को धूल में मिलाने का उसे क्या अधिकार है ? बाबू (पिता) को यह हो क्या गया है ? दूल्हे को आने तो दो, उस बुड्ढे के माथे पर अंगारे न डाल दूँ तो रामेसरी मेरा नाम नहीं ! एक बुड्ढा मेरी लड़की का सींथ भरेगा, मुँह झुलसा दूँगी मरदुए का !...आवेश की भाफ निकल गई तो उसे अपनी सामर्थ्य का खयाल आया...मैं कर क्या सकती हूँ ! चीखूँगी और चिल्लाऊँगी और अपना सर पटकूँगी, पिताजी को असह्य होगा तो मुझे किसी कमरे में बंद करके बाहर से साँकल चढ़ा देंगे; शादी तो होकर रहेगी...या, माहुर[1] का प्रबन्ध करूँ कहीं से और खिला दूँ छोकरी को...

बेसुधी में रामेसरी की पलकें झपक आईं।

1. विष, जहर।

दो

ज्यादा तो नहीं, पाँच ही सात नौजवानों का एक गुट था गाँव में। सयाने लोग परिहास में इस गुट को 'बमपाटी' कहा करते। ऐसा कहलाना वे नवयुवक अपने लिए शान की बात समझते थे।

जबार में ही हाई स्कूल खुल गया था, मिडिल स्कूल तो खैर पाँच कोस के उस इलाके में अब तीन थे। गाँव में अपर प्राइमरी स्कूल था ही, संस्कृत पाठशाला भी थी। पढ़े-लिखे लोग नजदीक और दूर के शहरों में नौकरी कर रहे थे। महँगी के इस जमाने में समूचे परिवार को साथ रखना उन्हें अखरता था। दूसरी बात यह भी थी कि सबके पास दो-दो, चार-चार बीघा खेत थे, घर था, बगीची थी, आम के दो-चार, दस-पाँच पेड़ थे, मछलियों के लिए सामूहिक पोखरा था—गाँव की इस पुश्तैनी संपदा को छोड़ने के लिए आखिर कौन तैयार है? हाँ, तीन-चार ऐसे 'बड़े बाबू' भी थे जो अकबाली ससुरालवालों की मेहरबानी से सरकारी नौकरी पा गए थे और अब तरक्की करते-करते सेक्रेटरियट की अँगनई में दाखिल हो बैठे थे। उनकी दुनिया अब इस दुनिया से एकदम अलग हो चुकी थी।

गाँववाले उनकी नजरों में अब उजड्ड व गँवार थे। दफ्तर का काम कर चुकने के बाद अधिकांश समय उनका अपने-अपने बँगले की बैठक में आरामकुर्सी पर कटता था। बैठे-बैठे थके—बूढ़े साँड़ की तरह अधमुँदी आँखों से वे जुगाली किया करते थे—श्रीकृष्ण सिंह, अनुग्रह नारायण सिंह, कृष्णवल्लभ सहाय, नेहरू, शेख अब्दुल्ला...ट्रूमैन और स्टालिन...डेमोक्रेसी, कम्युनिज्म, अमेरिका, रूस, चीन...डी-ह्वी-सी[1], कोसी प्रोजेक्ट...महँगाई, वेतन-वृद्धि, फैमिली प्लानिंग...अरविंद और गोगिया पाशा...लड़के को अमेरिका भेजवाना है...दामाद को टाटा में घुसाना है...

मगर मामूली नौकरी-पेशावाले लोगों के लिए तो यह सब संभव था नहीं, वे तो गाँव की अपनी दुनिया को बिलकुल छोड़ नहीं सकते थे। घर-गिरस्ती की निगरानी के लिए इस श्रेणी के शिक्षित ग्रामीण अपने लड़के को घर पर ही छोड़े हुए थे। पास के स्कूल में ये पढ़ते भी और घर के कामों की व्यवस्था में परिवार की सहायता भी करते। मैट्रिक हो जाने पर इनमें से बहुतेरे मधुबनी या दरभंगा के कालेजों में आगे की पढ़ाई के लिए भर्ती हो जाते। तो भी अपने घर-गाँव से इनका संपर्क टूटने नहीं पाता।

इन्हीं युवकों ने गाँव में पुस्तकालय की स्थापना की थी। माँग-मूँगकर किताबें इकट्ठी की गई थीं, दो-तीन अखबार भी आने लगे थे। शाम को गाँव के बाहर मैदान में गेंद और कबड्डी खेलते जाकर।

समय की धारा से वे अपरिचित नहीं थे। बड़ों-बूढ़ों की कठोर से कठोर नुक्ताचीनी उनसे सुनी जा सकती थी। गाँव का मुखिया चीनी और मिट्टी का तेल कंट्रोल रेट पर और सो भी समय पर कम ही लोगों को देता था। अपने मकान के सामने उसने बीस गज लंबी बाँस गाड़ रक्खी थी, जिसके छोर पर तिरंगा फहरा रहा था। कपड़े की परमिट में भी लाइसेन्सदार मारवाड़ी से साँठ-गाँठ करके मुखिया काफी कमा चुका था।

पिछले साल 'बमपाटी' वालों ने डिस्ट्रिक्ट मैजिस्ट्रेट के पास दरखास्त दी—"हमारे गाँव का मुखिया चीनी और किरासिन के बँटवारे में धाँधली करता है, इस गड़बड़ी को फौरन दुरुस्त किया जाय।"

1. दामोदर वैली कारपोरेशन।

सप्लाई-इन्स्पेक्टर आकर गवाही ले गया। दरखास्त पर नौ आदमियों के हस्ताक्षर थे। मुखिया के आतंक से इन्स्पेक्टर के सामने पाँच जने ही आए। उन पाँचों के नाम पर अलग-अलग कार्ड बना दिया, बस !

और तब से समूचे गाँव पर 'बमपाटी' वालों की धाक जम गई। गरीब-गुरबा बड़ों की आँख बचाकर इन नौजवानों से बात-विचार करने लगे।

इनका अड्डा दालानों पर या बैठकबाजी के लिए निश्चित खुली जगहों में न जमकर किसी प्राइवेट घर में अथवा गाँव के बाहर किसी बाग में, किसी बरगद या पीपर-पाकड़ के तले जमा करता।

गुट की गतिविधियों से परिचित दो-तीन बहू-बेटियाँ भी थीं गाँव में। एक नौजवान ग्वाला था।

बैठक या अड्डेबाजी के लिए 'एजेंडा' जैसी कोई चीज पहले से तय करके नहीं रखी जाती ! जब जैसा मौका आया वैसी बात उठी और 'ऐक्शन' लेने या न लेने का फैसला ले लिया गया ! यह गुट अपने-आपमें दरअसल एक मौजी गिरोह था। खेल-कूद, मनोरंजन, मामूली बात-विचार और छोकरों की आपसी शिकायतों को सुलझाने तक ही इसकी गतिविधि सीमित थी। लेकिन पिछले साल एक ऐसी घटना हो गई कि गुट को सयानों के अधिकार-क्षेत्र में हस्तक्षेप करना पड़ा और, तभी से चंद किशोरों की यह छोटी-सी जमात 'बमपाटी' जैसे गौरवपूर्ण नाम से भूषित-भाषित होने लगी। रोष, आवेश, व्यंग और चिढ़ के मारे खोंखा पंडित ने ही इस गुट का ऐसा नामकरण किया था। क्यों ?

क्योंकि पंडित के स्वार्थ पर गुट ने करारी चोट की थी।

चतुर्भुज भरी जवानी में इस धरती से उठ गया था। मूर्खता, गरीबी, दस कट्ठा ऊसर खेत और आठ धूर[1] बासभूमि—विरासत में बाप-दादों से बेचारे को यही संपदा मिली थी। बारह साल की छोटी आयु में ही लहेरियासराय के किसी होटल में वह अग्निहोत्री[2] की ट्रेनिंग लेने लग गया था, पीछे एक अच्छे रसोइए के रूप में वहीं उसका विकास हुआ। दो साल वहाँ और बारह साल मुजफ्फरपुर-पटना के कई एक छोटे-बड़े होटलों में कलछी-चम्मच भाँजता रहा था, तब

1. बिस्वाँसी, 2. रसोइया।

जाकर चार सौ रुपए हुए थे और शादी हो सकी थी।

चतुर्भुज का बाप खोंखा पंडित का चचेरा था। वह भी कम उमर में मरा था। चतुर्भुज खोंखा पंडित को फूटी आँखों भी नहीं सुहाता था। पंडित की मंशा रही कि परेशान होकर और तंग आकर यह कहीं भाग जाय तो इसकी घराड़ी[1] पर अपनी दखल जमा लेंगे, उसमें भाँटा-रमझिङनी[2] उपजाएँगे। मगर चतुर्भुज के जीते-जी खोंखा पंडित का वह मनोरथ पूरा नहीं हो पाया।

चतुर्भुज का बड़ा लड़का माहे बाप से चार कदम आगे था--समझ-सूझ में भी और जीवट में भी। वह हिंदी मिडिल और संस्कृत प्रथमा पास करके कुछ दिनों तक कानपुर की हवा खा आया था। था तो खूबसूरत मगर कपार पर बाईं ओर घोड़े के खुर का निशान था, बचपन में चोट लगी थी। अठारह साल की उमर थी। खोंखा पंडित की निगाहों में वह भले ही काँटा हो, दूसरे सभी उसे प्यार करते थे।

पिछले वर्ष पंडित ने माहे के पिछवाड़े में दो हाथ चौड़ा, दस हाथ लंबा और तीन हाथ गहरा गढ़ा खुदवा लिया।

इस गढ़े में कलमी आम के नए पेड़ों के लिए खाद तैयार करना है--यही कहना था पंडित का। माहे ननिहाल गया हुआ था। उसकी माँ रिश्ते में खोंखा पंडित की पतोहू होती थी, लेकिन गालियों की बौछार अधिक देर तक वह बर्दाश्त कहाँ कर सकी ? उसने आखिर अपना मुँह खोला। वह उन्हें एक के बदले चार सुनाने लगी तो भंग पीसने का सोंटा उठाकर पंडित उस औरत पर बरस पड़े। स्वाद ले-लेकर दोनों तरफ की गालियाँ सुननेवालों को अब पड़ोसी की मर्यादा का ध्यान आया तो वे भी दौड़े और खोंखा पंडित को सँभालने लगे। मगर बादल तो बरस चुका था, रह गया था धुला-फीका आकाश !

माँ के बुलाने पर अगले ही दिन माहे ननिहाल से दौड़ा आया। बड़ी देर तक वह माँ से घटना का विवरण सुनता रहा, शांतिपूर्वक। फिर दोस्तों से मिलने गया। बिना उनकी राय लिए, कुछ निर्णय करना माहे के बूते की बात नहीं थी।

दिगंबर मल्लिक माहे का दिली दोस्त था, नाइंथ क्लास तक

1. गृहभूमि, डीह, 2. बैंगन-भिंडी।

पढ़कर स्कूल छोड़ बैठा था। वह काफी चतुर तो था ही, धनी घर का लड़का होने से लोग उसे आदर और गौरव की दृष्टि से देखते थे। नौजवानों पर भी उसकी अच्छी धाख थी। धन या शिक्षा ने दिगंबर के अंदर घमंड उस मात्रा में नहीं भरा था जिस मात्रा में नम्रता। छोटी-बड़ी आयु के लड़के ध्यान से मल्लिक की बातें सुनते थे।

माहे की परेशानी दिगंबर को अपनी परेशानी मालूम हुई। वह काफी देर तक इस पर सोचता रहा। नौजवानों का स्वयं-निर्वाचित नेता होने से एक साथी की समस्या को सुलझाना वह अपना फर्ज समझने लगा। सबसे पहले उसने मुखिया से भेंट की और अनुरोध किया कि वह खोंखा पंडित से कहकर माहे के पिछवाड़े का गढ़ा भरवा दे। मुखिया को सब बात मालूम थी, पंडित की जोर-जबर्दस्ती का भी उसे अच्छी तरह पता था। तो भी कई दिनों तक वह टाल-मटोल करता रहा।

मल्लिक, माहे और दूसरे नौजवान चुप नहीं बैठे थे। एक कोतवाल (चौकीदार) को समझा-बुझाकर अपने साथ थाना ले गया। हेड कानिस्टबिल[1] तिरहुतिया बाभन था और उस युवक की चाची के फुफेरे भाई का सरबेटा[2] था। मय कोतवाल के बयान के; वह माहे का केस थाने में दर्ज करा आया। पड़ोस के गाँव में एक नामी कम्युनिस्ट लीडर थे, कामरेड तेजनारायण झा। माहे और मल्लिक खुद उनसे मिल आए। नजदीक के हाई स्कूल और मिडिल स्कूल के मास्टरों को भी समस्या की जानकारी करा दी गई। बूलो टेंथ[3] में पढ़ता था, फकड़ा[4] जोड़ने की अद्‌भुत सामर्थ्य थी उस छोकरे में। अगले ही दिन उसने एक फकड़ा तैयार किया और जमात के सामने लिखित रूप में उसे पेश किया। मल्लिक की आज्ञा से बूलो ने बाँचकर अपनी रचना सुनाई :

खोंखा पंडित बड़े सयाने
दच्छिन-पच्चिम गए कमाने
बेटा रोया, बेटी रोई
करम न इनसे छूटा कोई

1. कान्स्टेबल, 2 साले का लड़का, 3. दसवाँ दर्जा, 4. तुकबंदी, पद, फिकरा।

चूहा मारो, करो पराश्चित
पाप हरेंगे खोंखा पंडित
रात बता देंगै यह दिन को
चूड़ा-दही खिलाओ इनको
माल मुफ्त का यदि पा जाएँ
फिर तो दुम दिन-रात हिलाएँ
पैसा पावें, गूह चाट लें
सूना पावें, गला काट लें
बड़े घाघ हैं पंडित खोंखा
ईसर को भी देते धोखा

सुनते समय बीच-बीच में हँसी के फव्वारे छूटते रहे। फकड़ा लाजवाब बना था, इस पर सभी एकमत थे। माहे ने कहा :

" 'दच्छिन-पच्छिम' की जगह 'दच्छिन-पूर्व' कर दो क्योंकि हमारे खोंखा बाबा कमाने के लिए मुजफ्फरपुर से पच्छिम कभी नहीं गए हैं, हाँ, पढ़ने के लिए, सुना है कि काशी गए थे कभी !"

मंडली फिर हँसने लगी। बूलो ने संशोधन पसंद किया, लेकिन 'दच्छिन-पूर्व' नहीं क्योंकि एक मात्रा घटती थी; उसने 'दच्छिन-पूरब' करके समूचा फकड़ा एक बार फिर सुना दिया।

दूसरे दिन गाँव के लड़के इधर से उधर इन पदों को गाते फिरे। पंडित भीतर ही भीतर बेहद चिढ़े। पंडिताइन से सलाह ली। उसे नौजवानों के पंडित-विरोधी इस आंदोलन की गंध लग चुकी थी, इसीलिए दस-पंद्रह दिनों के लिए कहीं पहुनाई में चले जाने का परामर्श दिया।

खोंखा पंडित ने मिर्जई पहनकर, माथे पर पगड़ी डालकर दूसरे दिन अनगुत्ते[1] इसटीसन का रास्ता पकड़ा था।

इधर पंडिताइन ने लड़कों से बात-विचार करके उसी रोज गड्ढा भरवा दिया तो नई पीढ़ी के लोगों को बड़ी खुशी हुई थी। तब से बड़े-बूढ़े और सयाने लोग नवयुवकों को प्रतिद्वंद्वी दृष्टि से देखने लगे थे।

और आज समूचे गाँव की नाक कटनेवाली थी। पंद्रह साल की बिसेसरी साठ वर्ष के चतुरानन चौधरी को ब्याही जानेवाली थी !!

1. सूरज उगने से पहले ही।

दिगंबर ने यह खबर सुनी तो उसे ऐसा लगा कि किसी ने भर-भर कलछी खौलता हुआ कडुआ तेल बारी-बारी से उसके दोनों कानों में डाल दिया है !

मल्लिक का माथा जोरों से ठनकने लगा, सोचने की रत्ती-भर भी सामर्थ्य उसके दिमाग में नहीं रह गई।

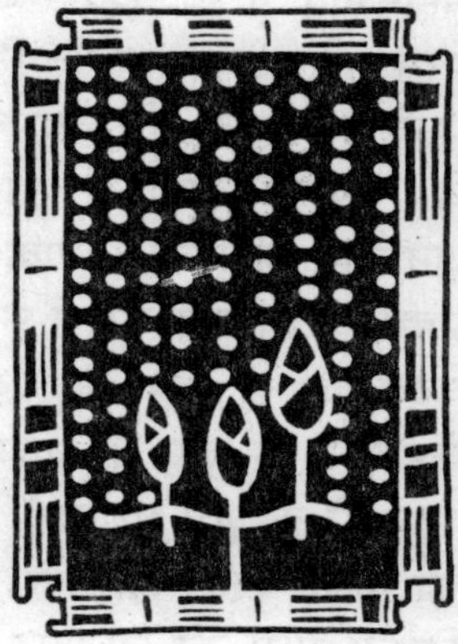

तीन

खोंखा पंडित ने आधा घंटा बातचीत कर चुकने पर पाया कि आदमी काफी अकबाली है। उमर जरा ज्यादा है तो क्या हुआ ? कम उमर के लोग क्या नहीं मरते हैं ? बाबा वैद्यनाथ की अनुकंपा होगी तो इसी दूल्हे के घर विश्वेश्वरी की कोख से एक से एकइस संतान हो सकती है। 500 बीघा जमीन की मलिकाइन बनेगी हमारी विश्वेश्वरी ! इहलोक और परलोक दोनों बन जाएगा। मेरे नाना के दादा ने इसी आयु में विवाह किया था, लड़की का वयस बारह वर्ष का था और तब उन्हें चार बेटे और तीन बेटियाँ हुई थीं—अर्जुन, भीम जैसे बलिष्ठ; द्रौपदी और सुभद्रा जैसी सुंदर एवं सुगठित शरीरवाली ! हाँ ! नहीं, ऐसा अच्छा वर अब आगे ढूँढ़े नहीं मिलेगा; ऊँ हूँ...शुभस्य शीघ्रम्...गणेश गणेश, लम्बोदर करिवरवदन !!

भावों का आवेग इतना बढ़ गया कि पंडित सौराठ के उस अनुपम लोकारण्य में अपनी जगह छोड़कर इधर-उधर घूमने लगे। घटकराज[1] मटुकी पाठक पर पंडितजी पूरी तरह निर्भर थे। उन्हीं

1. ब्याह का संबंध पटानेवाला 'घटक' कहलाता है।

महानुभाव ने विश्वेश्वरी जैसी कन्या-रत्न के लिए इस प्रकार का परम सुदुर्लभ वर-रत्न ढूँढ़ निकाला था। जिन खोजा तिन पाइयाँ गहरे पानी पैठ—अब और क्या चाहिए ? घटकराज पंडितजी के सहपाठी थे। सुगौना-ड्यौढ़ी के पुराने महाविद्यालय में पचास वर्ष पूर्व दोनों जने साथ ही रहते थे। एक ही गृहस्थ-परिवार में दोनों के भोजन का प्रबंध था। किसी कारण से पाठक की पढ़ाई छूट गई और अब वह घटकराज के रूप में प्रख्यात थे। रामेसरी को छोड़कर, बाकी लड़कियों के लिए वर खोजने का श्रेय आप ही को प्राप्त था। यह आप ही के शुभ परामर्शों का परिणाम था कि पंडितजी चार हजार का कर्जा चुका सके और दो बेटों को शादी के बाद अपनी-अपनी विधवा सास की जायदाद हाथ लगी।

पंडित ने घटकराज को तीन रोज़ से उस बूढ़े वर की अँतड़ियाँ उधेड़ने में लगा रखा था और निःसंदेह, इस साधना में साधकप्रवर पाठकजी महाराज को अनुपम सफलता प्राप्त हुई थी।

कितनी जमीन है ?...

नगद कितना है ?...

लहना-तगादा के हजार है ?...

पिछली पत्नियों के कितने लड़के हैं ?...

लड़कों के ननिहालवाले किस हैसियत के हैं ?...

कोई रखेली तो नहीं है ?...

गोतिया हैं कि नहीं ?...

हैं तो किस हैसियत के हैं ?...

कागज-पत्तर, दस्तावेज-तमस्सुक, हिंदलोट[1] वगैरह जिस संदूक में हैं, उसकी चाबियों का गुच्छा किसके ज़िम्मे है ?...

असल आयु कितनी है ?...

साल में कै बार बीमार पड़ते हैं ?...

लड़कों से मनमुटाव तो नहीं है !...

बाप रे ! किसका मजाल है जो फलाँ बाबू के बारे में इतनी बातों का पता लगावे ? लेकिन नहीं, है एक बहादुर ! घटकराज मटुकधारी पाठक !! अ हा हा हा !!!

—इस तरह गद्गद होकर पंडितजी घटकराज का सुमिरन कर

1. हैंडनोट।

ही रहे थे कि सदेह पाठकजी महाराज जाने किधर से अलक्षित ही आकर सामने खड़े हो गए।

''आइए पाठकजी, आइए। आप ही को तो खोजने निकला हूँ। हः हः हः हः !!"

घटकराज ने चद नसदानी निकाली—छोटे श्रीफल की चाँदी-मढ़ी डिबिया, चेन लगी हुई ठेपीवाली।

बाईं हथेली पर कौड़ी-भर नस निकालकर उसे पंडितजी के आगे फैलाते हुए वह बोले—"सत्यश्रमाभ्यां सकलार्थ सिद्धिः[1] ! आपका हृदय बड़ा ही पवित्र है खोंखाइ बाबू ! शुद्ध चित्त से आप यहाँ आए थे, बच्ची के लिए अखंड सौभाग्य की कामना बाबा कपिलेश्वरनाथ अवश्य पूर्ण करेंगे। पंजीकार से पता लगा आया हूँ, दोनों कुलों में विवाह संबंध का अधिकार होगा। कोई भी बाधा नहीं, शुभ शुभ शुभ शुभ...दुर्गा, माधव, गणेश..."

प्रसन्नता के मारे खोंखा पंडित ने मुँह बा दिया, वह नस लेना तक भूल गए !

—ऐं ! सचमुच अधिकार हो गया ?

—और नहीं तो क्या ?

अंदर से जनेऊ जरा निकालकर उसे अंजलि की दशों अँगुलियों में लपेटते हुए पंडित ने कहा—"मैं आमरण आपका ऋणी रहूँगा पाठकजी ! आपने हमारी विश्वेश्वरी का उद्धार कर दिया, विश्वेश्वरी का ही नहीं, हमारे एकइस पुरखों का आपने आज उद्धार किया है..."

पंडित की आँखें छलक आईं, इससे आगे उनके मुँह से एक आखर भी नहीं निकला। कृतज्ञता के भाव दिमाग की एक-एक रग को फुलाने लगे। इतने बड़े खानदान का प्रतापी मालिक आज मेरे दरवाजे को अपने पैरों की धूल से पवित्र करेगा। पास-पड़ोस के इलाकों में नौगछिया गाँव का नाम इंद्रधनुष की तरह अब उजागर हो उठेगा ! विश्वेश्वरी आज रानी बनेगी, वह ऐसे घर की मालकिन बनेगी जहाँ घोड़े हिनहिनाते हैं और हाथी झूमते रहते हैं...फिर पंडित की निगाहों में नौ अंक पर दो शून्य नाच उठे, बड़ी शकल में। नौ का वह अंक और उस पर के वे दोनों शून्य धीरे-धीरे बड़े होते गए,

1. सचाई और मेहनत से सब काम बनते हैं।

बड़े होते गए और बड़े होते गए–

घटकराज ने उनका हाथ पकड़ा–"चलिए खोंखाई बाबू, शुभ कार्य में विलंब सर्वथा अनुचित होता है। आज ही रात को सिंदूरदान[1] हो जाय।"

पंडित नस के शौकीन नहीं थे। लेकिन आत्मीयता प्रकट करने के लिए वह इस काम में पाठकजी का साथ देते थे। सो, जरा-सी नस लेकर खोंखा पंडित ने अपने को सँभाला।

लगन का यह अंतिम दिन नहीं था, फिर भी पटापट सौदे पट रहे थे। लड़कीवाले और लड़केवाले, दोनों एक-दूसरे का शिकार कर रहे थे। कलकत्ते के रायल एक्सचेंज में, बंबई के कालवादेवीवाले मुहल्लों में और दिल्ली के चाँदनी चौक की गलियों में सट्टेबाजों की हलचल देखी है कभी आपने ? हाँ ? तो बस समझ लीजिए कि मैथिल ब्राह्मणों की ब्याह की इस अनोखी मंडी में कुछ वैसा ही चल रहा था ! गजब की चहल-पहल थी। ऐसा लगता था कि समूची दुनिया के लोग इन चार दिनों के अंदर ही क्वारों-क्वारियों का ब्याह करा डालेंगे ! घटकों और दलालों की कुछ मत पूछिए, वे अँधेरे में ही निशाना साधते हैं। रिश्तों की तुक शायद ही कभी ठीक बैठती हो...

नौ सौ रुपए पर बात पक्की हुई थी, पचास रुपए घटकराज को मिले थे। ताड़ के लंबे पत्ते पर लाल स्याही से पंजीकार ने सिद्धांत[2] लिखा। वर–बाबू श्री चतुरानन चौधरी–की ओर से पंजीकार को दक्षिणा-स्वरूप एक दशटकही नोट मिला।

पिता की रुद्र प्रकृति से पूर्ण परिचित होने के कारण साथ के तीनों में से कोई बेटा इस कार्य में किसी प्रकार की आपत्ति प्रकट नहीं कर सका–एक था पितृभक्त संस्कृत अध्यापक, दूसरा मधुबनी अदालत में किसी वकील का मुहर्रिर था और तीसरा मैट्रिक तक पढ़ा था। गठरी-मोटरी, दरी-कम्बल-तकिया, लोटा- खड़ाऊँ ढोनेवाला सुवधा भला यह सब क्या जाने ?

नोट की गड्डी सँभालकर पंडित ने दो टमटम ठीक किए। घोड़े तगड़े और तेज थे। रास्ता खूब अच्छा नहीं था और मौसम था

---

1. सेंथ में सेंदुर डालने की विधि, ब्याह, 2. दोनों कुलों में ब्याह का रिश्ता कायम हो सकता है, वर-वधू का यह संबंध सर्वथा निर्दोष है, इस प्रकार का शास्त्रीय फरमान।

बरसात का, नहीं तो चार कोस का यह फासला वे डेढ़ घंटे में मार लेते ! खैर, अढाई घंटे तो तब भी काफी थे। ट्रेन से जाने पर कोई फायदा नहीं। और फायदा हो या न हो, अवध-तिर्हुत रेलवे (O.T.R.) ऐसे बड़े मेले के अवसर पर भी सनातन प्रथा से ही काम लेती है ! न टिकट ही मिल पाता और न वे चढ़ ही पाते ट्रेन में ! मान लो, इन दोनों मोर्चों में फतह हासिल कर भी लेते तो क्या आधी रात तक नौगछिया पहुँच जाते ? नहीं, बिलकुल नहीं।

तो खोंखा पंडित ने पैसे का मोह छोड़कर दो टमटम जो भाड़े पर कर लिए सो उनकी समझदारी का ही सबूत था।

दूल्हे ने कहा, वह अपने घोड़े पर ही जाएगा। उनसे बाद को सौराठ से विदा होगा और तारसराय (स्टेशन) उनसे पहले ही पहुँच लेगा !

उसे अपने घोड़े पर अभिमान था। कत्थई रंग का औसत कद का वह जानवर वाकई बिजली का लम्बोतरा लट्टू था, जरूर जई और मक्खन खाता रहा होगा !

पंडित को दुविधा में देखकर बुड्ढा उमेदवार[1] बोला—"चिंता मत कीजिए रत्ती-भर, मैं अभी आया।"

यह कहकर उसने घोड़े की पीठ थपथपाई, हलकी हिनहिनाहट अभी-अभी उमड़ते आ रहे बादलों को मानो डाँटने लगी। पच्छिम का आकाश अभी साफ था, सूरज तेजी से नीचे उतर रहा था। लोगों की भीड़ भी क्रमशः छँट रही थी। बदली के आसार देखकर वे पास-पड़ोस के गाँवों में 'रैन बसेरा' के लिए चल पड़े थे। नवजात धान के तोता-पंखी पौधों से लहलहाते खेतों की पगडंडियाँ अपनी छातियों पर हजारों-हजार मानव-चरणों की धमक महसूस करके परम प्रसन्न हो रही थीं और सौराठ के उस महामेला को दुआ दे रही थीं। सौराठ है भी बसा ऐसी जगह जिसके सभी ओर कोसों तक खेत ही खेत फैले हैं—धनहर[2] खेत; बरसात के मौसम में इनकी छटा बिलकुल निराली होती है। ऐसे दृश्य से प्रभावित होकर मिथिला के किसी कवि ने कहा होगा :

हे हरित-भरित हे ललित वेश !
हे छोट-छीन सन हमर देश !!

---

1. विवाहार्थी, 2. धान की खेती के उपयुक्त, सिर्फ धान की ही पैदावारवाले।

दूल्हे का सामान, उसका भांजा, नौकर, खोंखा पंडित के दो लड़के अगले टमटम पर थे। घटकराज, पंडित, बड़ा लड़का, सुवधा और इन लोगों की गठरी-मोटरी पिछले टमटम पर।

टमटम चले तो घटकराज और पंडित दोनों बुजुर्गों के मुँह से मंगल-पाठ का श्लोक निकलता रहा :

मंगलं भगवान् विष्णुमंगलं गरुड़ध्वजः।
मंगलं पुण्डरीकाक्षो मंगलायतनो हरिः॥

दूल्हे का भांजा भी आचार्य परीक्षा उत्तीर्ण था, स्वस्तिवाचन के इस अवसर पर वही क्यों पीछे रहता ? गंभीर स्वर में उसके मुँह से निकला :

लाभस्तेषां जयस्तेषां कुतस्तेषां पराभवः।
येषां इंदीवरश्यामो हृदयस्थो जनार्दनः॥

और, टमटमवालों ने अपनी टिटकारियाँ भरनी शुरू कीं। घोड़े सरपट दौड़ने लगे।

पिछले कई दिनों की थकान, मानसिक द्वंद्व और ऊब, और अब कामयाबी का हल्का-सा नशा—कुल मिलाकर खोंखा पंडित को झपकियाँ आने लगीं। घटकराज ने सहपाठी के सिर को पीठ का सहारा दे दिया। खुद वह नस की मस्ती में विभोर हो गए।

चार

आँखें खुलीं तो रामेसरी चट से उठी और देखने गई कि बिसेसरी कहाँ है, क्या कर रही है।

घर के बड़े लड़के को पंडित और पंडिताइन 'बच्चन' कहते थे। परिवार के सभी लोग उसे यही कहकर पुकारते, बहुएँ ऐसा नहीं कर सकती थीं। बड़ी बहू तो खैर पति का कोई भी नाम क्यों लेने लगी ? बहुतों की तरह उसके भी दो नाम थे—बच्चन और गिरिजानन्द ! लाड़-प्यार, आवेग-आवेश के कारण दूसरा नाम दब गया था।

रामेसरी संतान में सबसे बड़ी थी। बच्चन उससे चार साल छोटा था। वह बत्तीस वर्ष की थी, बच्चन अट्ठाइस का। बाकी भाई-बहिनें ढाई-ढाई, तीन-तीन साल के दर्म्यान पैदा होते आए थे।

अभी जाकर रामेसरी ने बच्चन के घर में बाहर से ही झाँका, कोई नहीं था। फिर वह मझली बहू के कमरे की ओर गई, उधर से हँसने की मृदु-मंद ध्वनि उठी।

—हाँ, यहीं होगी बीसो मेरी !

रामेसरी बिलकुल अन्दर आ गई। बोलचाल बंद, हँसी-ठिठोली

सब बंद। तीनों बहुएँ घर के कामों में मशगूल थीं। एक के आगे सूप था, वह चलनी से आटा चाल रही थी। दूसरी के आगे तरकारी काटनेवाली हँसिया और परवल-आलू से भरी डलिया पड़ी थी, वह आलू के टुकड़े कर रही थी। तीसरी तिलों से कंकड़ चुन रही थी।

रामेसरी ने देहली लाँघते-लाँघते ही पूछ दिया—बिसेसरी कहाँ गई ? इधर तो नहीं आई और माँ को भी तो नहीं देख रही हूँ कहीं !

छोटी बहू के होंठ पटपटा उठे—माँ तो मुखियाजी के घर गई हैं...

बीच में ही इसके होंठ बंद क्यों हो गए हैं ?

रामेसरी को बड़ा ही अजगुत[1] लगा। छोटी बहू आँखें नीचे करके तिल में से उसी तरह कंकड़ चुन रही थी मानो उसने कुछ भी नहीं कहा है, वह कुछ भी नहीं जानती ! बात क्या है आखिर ?

तरह-तरह के तर्क-वितर्क रामेसरी के हृदय को मथने लगे। जी को उसने कड़ा कर लिया, फिर एक-एक करके तीनों बहुओं के चेहरे ताकने लगी। सब उमस के मौसम की झीलों का गहरापन पिए हुए थे ! कोई लहर नहीं, तरंग और चंचलता का नाम नहीं ! अगम, अथाह !

मझली बहू पर नजरें गड़ाकर रामेसरी ने पूछा—तुम भी नहीं जानती हो फुलकुम्मरि ?

परवल आधा ही खुभा था हँसिया के धार में, उसे आधा-आधा करके फूलकुँवरि ने घनी भौंहोंवाले कपार पर बल डाला और बोली—क्या ?

—अरे, यही...बिसेसरी कहाँ गई है ?

—मैं क्या बताऊँ दइयनि[2] ?

इतने में बड़ी बहू चलनी के चोकर को अलग रखी चँगेरी में डालती हुई बोल पड़ी—ताश पीटती होंगी रानीजी, ताश !

—गे मइयो[3]। ताश ?

—तो और क्या ? सोने की कौड़ियाँ कहाँ से लावेंगी ?

हे भगवती ! यह कैसी-कैसी बात आज रामेसरी को सुननी पड़ रही हैं ! ना, यह नहीं हो सकता। बीसो किसी और काम से कहीं गई होगी...

1. अयुक्त, अनुचित, 2. दीदी या लड़की के लिए दुलार का सम्बोधन, 3. मइया री मइया।

ताश खेलना रामेसरी की नजरों में एक भारी अपराध था, क्योंकि उसकी बालविधवा ननद को ताश की पत्तियों ने ले जाकर पेशावर पहुँचा दिया था ! पड़ोस के एक नौजवान ने उस 'मुँहझौंसी'[1] के मन में 'कोटपीस' खेल का ऐसा चस्का डाल दिया था कि एक रात वह उसके साथ भाग खड़ी हुई ! और न जाने क्या-क्या हुआ !

तो अभी इसी बात को लेकर अदगोई-बदगोई[2] हो रही थी ?

रामेसरी को अपनी बेटी पर गुस्सा आया—कहाँ जाकर बैठ गई है कलमुँही !

इतने में पायल की रुनझुन-रुनझुन सुनाई पड़ी, बिसेसरी आ रही थी। रामेसरी घर से निकल आई और आँगन के बीचोबीच खड़ी हो गई।

—कहाँ गई थी ?

—जरइलवाली काकी ने बुलाया था।

—हूँ ! चल, इधर आ !

बीसो अपनी माँ के पीछे हो गई।

दोनों अंदर आए, गुमसुम। रामेसरी पहियोंवाली पुरानी संदूक पर बैठी, बिसेसरी दोनों हथेलियाँ उलटकर उँगलियों की पीठ पर के सुनहले रोएँ देखती रही। माँ ने उसे बैठने के लिए नहीं कहा।

बीसो माँ की इकलौती लड़की थी। बेटा भी थी, बेटी भी थी। रामेसरी ने बड़े ही प्यार से पाल-पोसकर उसे बड़ा किया था। बड़ी उमर तक निपूती रहनेवाली स्त्री जिस नेम-निष्ठा से, जिस नेह-छोह से तुलसी के पौधे को पोसती है, उसी तरह रामेसरी ने बिसेसरी को पोसा था। कभी अवाच-कुवाच नहीं कहती थी। मारना-पीटना तो दूर, खीझ से भरकर चपत तक नहीं लगाती।

रामेसरी का घरवाला अच्छा पंडित था, नेकनीयत और मिठबोला। तीन वर्ष के उस छोटे से दाम्पत्य-जीवन में रामेसरी पर उसने कभी हाथ नहीं उठाया, कभी गाली नहीं दी। अपने पति से रामेसरी ने रुपए-पैसे तो नहीं, दो-चार गुण ही अच्छी मात्रा में पाए थे। पिता और पति के स्वभावों में आकाश-पाताल का अंतर था। विद्वान तो दोनों ही अच्छे थे, लेकिन प्रकृति उनकी भिन्न-भिन्न प्रकार की थी। माँ के बाद, पति ही वह व्यक्ति था जिससे रामेसरी

1. मुँहजली, 2. बुरी आलोचना।

के जीवन-तत्त्वों का निर्माण हुआ था।

बिसेसरी ऐसी माँ की बेटी थी। माँ के शील-स्वभाव का असर वह अपनी प्रकृति में अच्छी तरह उतार ले आई थी। अपर प्राइमरी तक पढ़ने का भी यह सुयोग जो उसें मिल सका सो अपनी माँ की बदौलत। नाना की कतई यह राय नहीं थी कि बिसेसरी पढ़े-लिखे। वह तो रामेसरी के लगातार आग्रह का ही यह फल था कि खोंखा पंडित अपनी नतनी का स्कूल जाना बर्दाश्त कर सके।

बिसेसरी अपनी माँ से कोई बात छिपाती नहीं थी, दोनों में अब मानो सहेलियों का-सा लगाव था। माँ ठहरी बाल-विधवा, बेटी ठहरी इकलौती—दोनों एक-दूसरी का सहारा थीं, अभिभावक भी थीं और साथिन भी।

थोड़ी देर अलग खड़ी रहकर बिसेसरी माँ के बिलकुल करीब आ गई। बाहर निगाहें फेंककर फिर अपनी नजरें उसने रामेसरी की आँखों में गड़ा दीं।

माँ भी बेटी की ओर अर्थपूर्ण दृष्टि से देखने लगी। अनमेल ब्याह के भयंकर परिणामों की कल्पना से उसकी रग-रग दहक उठी, रोंगटे खड़े हो गए। बेटी को खींचकर माँ ने धड़कते सीने से सटा लिया, बिसेसरी का किशोर कलेवर रामेसरी की अधेड़ बाँहों के घेरे में कस गया। थोड़ी-थोड़ी देर तक एक-एक की गर्दन दूसरी के कंधे पर पड़ी रही।

—माँ !

—बीसो !

—आज यह क्या हो गया है तुझे ?

....

—एक बात बताऊँ ?

—बोल !

रामेसरी ने बिसेसरी को छोड़ दिया, वह संदूक से सटकर खड़ी हो गई। साड़ी का पल्ला सँभालती हुई कहने लगी—माहे भइया बता रहे थे, यह शादी हम नहीं होने देंगे।

रामेसरी के कपार में तनाव पड़ गया, आँखें बड़ी-बड़ी हो गईं। बाहर की ओर एक नजर मारकर वह फुसफुसाई—चुप ! चुप ! किसी ने सुन लिया तो पानी में आग लग जाएगी ! माहे तो पागल है, यों

ही अल्लम-गल्लम बकता रहता है...

—दिगंबर भी तो था।

—गे मइयो[1] ! और, तू वहाँ यही सब सुनने गई थी ?

बिसेसरी बेखबर नहीं थी। उसे अच्छी तरह मालूम था कि नाना आज रात एक कसाई को ला रहे हैं, धूमधाम से अपेनी नतनी का जिबह कराएँगे...जब से उसने बूढ़े दूल्हे की बात सुनी है तब से उसकी कलेजी भुन रही है। अब तक अपनी बेचैनी को वह जब्त किए हुए थी, इसके बाद धीरज ने जवाब दे दिया। तन-मन की समूची ताकत बटोरकर उसने पैरों को लड़खड़ाने से बचा लिया, यही क्या कम था ? बकोटकर आखिर उसने बाएँ हाथ से ठुड्डी और गालों को दबा लिया। जीभ, तालू, दाँत, मसूड़े, होंठ—सभी उस शिकंजे में कस गए। वह अपने-आपमें जूझने लगी कि बूँद-भर भी आँसू गिरने नहीं पाए !

खोपड़ी में मानो बीसियों तकलियाँ बिजली की गति से चल रही थीं—किर्र र्र र्र र्र र्र र्र र्र र्र...

बीच ही में रामेसरी ने उसे झकझोरा और चुमकारा, ढाढ़स दिया—पगली कहीं की ! ऐसा भी कहीं हुआ है ?

समवेदना की इस चुमकार ने बिसेसरी के हृदय को मोम-सा पिघला दिया। दो बड़ी-बड़ी बूँदें आँखों का कूल-किनारा पार करके नीचे धरती पर गिर पड़ीं—टप् टप् !

अपनी साड़ी के आँचल के खूँट से माँ ने बेटी के आँसू पोंछ डाले। थोड़ी देर के लिए उसे अकेली छोड़कर वह बाहर निकल आई। माहे और दिगंबर भला इस ब्याह को कैसे रोकेंगे, यही बात रामेसरी के माथे में घिरनी[2] बनकर नाचने लगी। भला, जब दरवाजे पर दूल्हा आकर खड़ा हो जाएगा तो उसे कोई किस मुँह से लौटने कहेगा ? ऐसा भी कहीं हुआ है ? बाबू जब हाथ धरके किसी भलमानस[3] को उठा लाए हैं तो उसकी और अपनी लाज को अलग-अलग करके थोड़े ही देखा जाएगा ?...

पिता की प्रतिष्ठा रामेसरी के संकल्प को जड़-मूल से हिला रही थी। बार-बार वह अपने पर घटाकर इस ब्याह के बारे में सोचने लगी—कैसी अच्छी जोड़ी थी हमारी। लेकिन वह तीन ही वर्ष जिए।

1. री मइया, 2. लट्टू, 3. भला आदमी।

माँ-बाप अपने जानते सन्तान को कुआँ में थोड़े ही फेंकते हैं ? सुना है, धन-सम्पदा काफी है। रानी बनकर रहेगी मेरी बीसो...उमिर कुछ अधिक है तो क्या हुआ ?

क्या हुआ ! धन-सम्पदा ही क्या सबसे बड़ी चीज है ? पन्द्रह साल की कच्ची छोकरी पचास साल के पकठोस दूल्हा के साथ किस तरह अपनी जिनगी काटेगी ? हे राम !

...मगर, खान-पान, कपड़ा-लत्ता, गहना-गुड़िया, जर-जेवर का अमार लगा रहता होगा उसके यहाँ ! नहीं ? ना, जरूर अमार लगा रहता होगा। वह तो अपने इलाके का राजा है !

फिर एक दफे रामेसरी की आँखों के आगे अपनी बेटी का मासूम मुखड़ा जोरों से नाच उठा और उसका सिर घूमने लगा, फिर एकाएक भवें तन गईं। अपने-आप वह बुदबुदाई : नहीं, होगा ! नहीं होगा यह ब्याह!!

तब रामेसरी को माहे और दिगम्बर की बात याद आई...क्या कर सकते हैं वे ?

उपेक्षा-भरी हल्की हँसी के सहारे अपनी याद को उसने उन नौजवानों की चंगुल से छुड़ा लेना चाहा कि माँ की आवाज सुनाई पड़ी : बुच्ची ?

—आई अम्मा !

यह रामेसरी का दुलार का नाम था।

वह सँभली, पूरी तरह अपनी चेतना को उसने साकांक्ष बनाया और माँ के सामने जा खड़ी हुई।

माँ मुखिया के यहाँ से पेट्रोमैक्स लिवा लाई थी।

—इसे बरामदे में रखवा ले, चौकसी रखना। ऊधमी लड़के कहीं इस पर हाथ-वाथ न डालें।

—अच्छा।

रामेसरी ने उस बड़े लैंप को माँ वाले घर के बरामदे में रखवा लिया। मुखिया का हलवाहा लैम्प रखकर चला गया।

इसके बाद रामेसरी को माँ का दूसरा आदेश मिला—बिसेसरी के बाल सँवारने होंगे, चोटी काढ़नी होगी।

पंडिताइन ने इस बेबसी पर अफसोस जाहिर किया कि आज नतनी की कंघी-चोटी वह खुद अपने हाथों नहीं कर सकी ! बेचारी

को बहुत सारे काम करने थे, अकेली राधा कितना नाचे ! बड़ी और छोटी बहू ने पिछले कई दिनों से सविनय अवज्ञाभंग आंदोलन छेड़ रखा था एक प्रकार का। रसोईघर को रामेसरी सँभाले हुए थी। घर-आँगन का बुहारना-लीपना और अपने तीन बच्चों को सँभालना—मझली बहू के जिम्मे काफी काम था। बड़ी के दो बच्चे बड़े हो चुके थे, दो छोटे थे। छोटी के दो बच्चियाँ थीं। दोनों अपने बच्चों में उलझी रहतीं, घर के सामूहिक कामों में जरा भी दिलचस्पी नहीं लेतीं। खाना तैयार हो जाने पर मेहमान की तरह जातीं और रसोईघर से खा आतीं, जीमने के बाद धुले हुए हाथ अपनी-अपनी कोठरी में ही आकर सुखातीं ! बच्चे तो खैर अपना-अपना थाली-कटोरा सँभाले दिन-भर पंगत जमाए रहते, उन्हें यही ट्रेनिंग मिली थी। मझली अपने काम कर चुकने पर सास और ननद की जरा-मरा सेवा जरूर करती थी। बिसेसरी भी काफी काम करने को तैयार रहती, लेकिन रामेसरी को यह पसंद नहीं था कि लड़की इस जंजाल में अभी से जुत जाय। बाकी तीन लड़के थे जो परिवार के लिए बाहरी काम भी करते, थोड़ी-बहुत खेती भी और अपना पढ़ते भी।

पाँच

स्टेशन कोस-भर दच्छिन था, तारसराय मुड़िया। नौगछिया स्टेशन से सीधे उत्तर पड़ता था।

लेकिन शाम को जो दो टमटम गाँव के भीतर घुसे वे दच्छिन नहीं, उत्तर से आए थे।

ट्रेन से न आकर सड़क से आए थे, इसी से।

खोंखा पंडित ने उमर छिपाने की लाख कोशिश की मगर दूल्हे के भांजे ने इतना तो कबूल कर ही लिया कि मामाजी की आयु पचपन वर्ष की है। पंडित की बात से तो यही लगता था कि अधिक से अधिक चालीस की उमर होगी वर की।

दूल्हा के आने में अभी दो घंटे की देरी थी।

शुक्ल पक्ष था तो क्या, बरसात का मौसम शुरू हो चुका था। जेठ सुदी तेरस। ब्याह का लगन साढ़े दस बजे रात का था। ठीक उसी वक्त उस गाँव के भी दो ब्राह्मण-युवकों की शादी कहीं होनेवाली थी। उनके बारे में भी लोग बातें कर रहे थे। ताजा और गरम खबर लेकिन पंडित की नतनी के लिए आनेवाले इस दूल्हे को

लेकर ही उड़ रही थी।

साफ-साफ तो कोई किसी को बताता नहीं था। सभी कह रहे थे—"बड़ा अच्छा हुआ; घर भी ठीक, वर भी ठीक। बिसेसरी को जैसा चाहिए वैसा ही दूल्हा, भगवान ने जुटा दिया..." मुदा अंदर-अंदर कुछ दूसरी ही बातें सुनाई पड़ती थीं। जहाँ देखिए, दो-तीन जने खड़े हैं या बैठे हैं और फुसफुस चल रही है। चलिए, आप भी अपना कान कहीं भिड़ा दीजिए :

—देखा तो नहीं है अभी !

—अरे, अभी आया ही कहाँ ?

—दुपहर रात से पहले थोड़े ही आएगा !

—पंडित तो बुड्ढा बैल पकड़ लाया है, राम-राम !

—समूचे गाँव की नाक काट ली इसने तो ?

—और नहीं तो क्या !

—अच्छा, यह तो बताओ, कितना गिनाया होगा पंडित ने ?

—डेढ़ हजार।

—धत् ! इतना कौन देता है ?

—अजी नहीं, बड़ी चिड़िया फँसी है !

—हजार से ज्यादा नहीं मिला होगा !

—आठ सौ !

मुखियाजी के दालान के सामने चार-पाँच जने बैठे थे। अलग एक ओर बंबई आम का ढेर लगा था। चोरों के डर से तोड़ लिया गया था। अपनी बाड़ी[1] में मुखिया के बाप ने चार पौधे कलमी आम के लगाए थे। दो बंबई के, एक सफेदा का और एक कलकतिया का। अबकी मालदह (लँगड़ा) तो दगा दे गया था, बाकी तीनों पेड़ खूब फले थे।

क्या होगा अधिक लेकर ?—मुखिया का भाई बोला। वह खैनी ठोककर फिर कहने लगा एक अधेड़ आदमी की ओर अपना रुख करके—सुनते हैं फतूरी काका ?

कहो न !—फतूरी बोले और बगल में माथा झुकाकर निचले होंठ को दीये की शकल में कर लिया, बड़ी देर तक भीतर दबाकर रखा हुआ सुरती का जूम 'पिच्' से जमीन पर गिरा। लार की तार

1. वासभूमि के साथ की खाली जगह।

टूटी तो धोती के खूँट से होंठ पोंछकर वह पूछनेवाले की तरफ गर्दन बढ़ा चुके थे।

मुखिया का भाई भीमनाथ अपने खास श्रोता को सतर्क पाकर कहने लगा—क्या होगा इससे अधिक लेकर ? देवता-पितर और बाल-बच्चों के लिए यही आम काफी हैं, ऐं फतूरी काका ? नहीं ?

हाथ फरकाकर फतूरी बोले—दुर् बुड़बक कहीं के ! आम से भी कभी किसी का मन भरा है ?

सवा पसेरी के वजन की बात सुनकर कमज़ोर दिलवाला भीम एकदम सिटपिटा गया। दबी आवाज निकली—सो नहीं फतूरी काका ! सो नहीं, मैंने सो कहाँ कहा है ? कहा है कि इतना आम...

इतना आम फतूरी ठाकुर दो बैठक में चट कर जाएँगे।—अपना सीना ठोककर वह वीरपुंगव गरज उठे।

हतप्रभ होकर भीम वहाँ से उठ गया, सुरती अभी तैयार नहीं हुई थी।

कहाँ चले ?—स्वर हल्का करके पूछा।

—कहीं नहीं, जरा बछड़े को देखता हूँ...बेचारे को डाँस परेशान कर रहे हैं...बाईं मुट्ठी में चून-तम्बाकू दाबे दाएँ हाथ से अँगोछी की गदा घुमाते हुए चले गए भीमनाथ, सामने जहाँ तीन-चार गाय-बैल बँधे थे।

तब तक कथा का सूत्र खोंखा पंडित को छू चुका था।

—कैसे हो ? यह सब क्या सुन रहे हैं ?

—बुड्ढा बैल यह कहाँ हाथ लगा पंडित के ?

—जिसकी कहीं न पूछ, उसी के लिए तो सौराठ का मेला लगता है !

—सुना है कि रतौन्ही[1] है !

—अजी, दाँत तो बत्तीसो झड़ चुके हैं !

—सुनाई पड़ता है कि नहीं ?

—है मुदा भारी मातबर[2]...

—सो तो है !

—दो हाथी भी हैं !

---

1. रात के वक्त न सूझने की बीमारी, 2. धनी।

—भाँरी मातबर है, कल यहाँ घर पीछू दो-दो रुपैया बाँटेगा, हाँ !

—हाँ बाबू, खानदान बड़ा हो तो मुट्ठी भी खुली ही होती है।

—दलिद्दर के दरवाजे पर इतना बड़ा आदमी आ रहा है, बात-व्यौहार में कहीं कुछ अलट-बिलट हो तो अपने नौगछिया की जगहँसाई होगी !

—सो, मुखियाजी रहवे करेंगे।

इस पर मुखिया भरियाकर बोला—फतूरी काका भी रहेंगे ही !

सभी ने एक स्वर से कहा—फिर काहे की तरद्दुत !

मुखिया के मकान के कुछ आगे बढ़ने पर छोटा-पुराना एक पोखरा था। पचासों साल की लापरवाही का जीता-जागता सबूत। पनियाही घासों की हाथ-भर मोटी घनी तह छाई हुई थी, इस कछार से उस कछार तक। चौकोर गढ़े की छाती पर स्वयंभू घासों का वह अजीब मैदान जेठ के इस महीने में भी आँखों को अच्छा नहीं लगता था। बीचोबीच जाठ[1] खड़ी थी, बीस-एक हाथ ऊँची रही होगी। अपने पुरखों की इस कीर्ति की ओर से मुखिया और उसके गोतिया लोग बिलकुल उदास थे। भिंड पर तीन तरफ़ केवटों और ग्वालों के घर थे, चौथी ओर साहड़, जामुन, बेल, खैर, जीमड़, पितोझिया का मामूली जंगल था। गाँव-भर की दिसा-फराकत का स्थान। उस ओर की सड़क से बाहर का कोई अंधा आता होता तो विकट दुर्गंध के मारे वह यों ही समझ लेता था कि गाँव पास ही है।

छेदी राउत के बथान की छोर उस पोखरे के भिंड को छूती थी। वहाँ तीन-चार अधेड़ औरतें खड़ी थीं। वही फुसुर-फुसुर चल रही थी :

—सुना है तुमने ?

—क्या, कुछ बताएगी भी कि ऐसे ही ?

—खोंखा पंडित की नतनी का ब्याह हो रहा है।

—कहाँ का लड़का है ?

—लड़का ! हिः हिः हिः हिः...लड़का !!

—ठूँठ पीपल की गाँठ उठा लाया है पंडित।

—भक् !

---

1. लट्ठ, लाट।

—अदुर् जो[1] ! सच कहती हूँ, तेरी कसम !

—खचिया-भर रुपैया गिनाया है पंडित ने !

—अगे मँइयाँ ! एको गो दाँत नहीं होगा उसके...

—बिसेसरी कैसे बुड्ढे के साथ सोएगी ?

—सोएगी कपार ? करम कूटेगी।

—बुढ़वा भारी मातबर है।

—मातबर होगा तो अपने घर, हमें क्या ? देगी पंडिताइन एक छीमी केला भी हमें ?

दिगंबर का बैठका सूना पड़ा था। तख्तपोश के नीचे सिलेबिया कुत्ता गोलियाकर बैठा हुआ था। आकाश में हल्के-फुल्द धुआँ-से बादलों से तेरही चंद्रमा की हाथापाई देखने लायक थी।

बूलो की भाभी बीच आँगन में पुराने कंबल के टुकड़े पर बैठी हुई थी। सामने पूनियों से भरी डलिया थी, कटोरा था, तकली थी। गोदी का बच्चा सोनेवाला था। अभी वह एक थन को बाएँ हाथ से थामकर हौले-हौले पी रहा था, दाएँ हाथ की पहली-दूसरी उँगलियाँ दूसरे थन की घुण्डी पर यों ही फिर रही थीं। माँ तकली-पूनी परे करके अभी सोए बच्चे की पीठ और जाँघों पर अपना दाहिना हाथ फेरने में मगन थी।

अंदर, घर में लालटेन की हल्की मगर साफ रोशनी छाई हुई थी, वह प्रकाश चौकठ लाँघकर आँगन की बीचवाली दो हाथ जगह की परिधि को क्रमशः अधिक फैलाता हुआ चला गया था और सामने अमरूद की सादी हरी पत्तियोंवाली घनी टहनियों में उलझकर अपनी गति खो बैठा था।

हल्की-पतली फुसफुस !

मन की समूची शक्ति लगाकर सुनोगे तो भी पल्ले नहीं पड़ेगा कुछ, हाँ !

तो, भीतर बूलो किसी से सलाह-मशविरा कर रहा होगा ! क्यों, है न यही बात ?

अच्छा ? यह बात है !

बूलो, माहे, दिगंबर...दो और अपरिचित चेहरे !

फुसफुस !

---

1. दुत्।

—जल्दी करो !

—हाँ माहे, देर हो रही है।

—माहे, तुम फौरन निकलो।

—हूँ।

—और तुम दोनों भी !

—अच्छा !

बूलो और दिगंबर को छोड़कर बाकी तीन निकल गए, एक-एक करके।

अपरिचितों में से एक हेहुआ था, दूसरा गोनउड़ा। हेहुआ केवट था, गोनउड़ा था ग्वाला। दोनों नौजवान थे, मसें भीग रही थीं।

हेहुआ के चेहरे पर माई की गोटी के दाग थे। साँवली सूरत, डील-डौल का अच्छा। कद औसत। पहनावे में नौ हाथ धोती, बस ? नहीं, काले धागों में गुँथा हुआ चाँदी का कंठा गले में और दाहिनी भुजा पर मूँगे का बड़ा-सा दाना—छेद के सहारे पीले धागों की तीन बारीक डोरियों से बँधा था...बस !

भूरे बालोंवाले श्री गोनउड़ राउत यादव भाई थे, सूरत गोरी-भूरी और आँखें बादामी। कद ऊँचा, चेहरा भरा हुआ। पहनावे में धोती। हाथ-गोड़[1] बड़े-बड़े।

वे दोनों निकल गए तो माहे जरा देर तक भाभी के पास बैठा रहा।

फुसफुसाकर वह बोली—देखो बाबू, मार-पीट नहीं करना !

माहे दाहिने हाथ की एक उँगली से बार-बार साफ-सुथरे आँगन की चक-चक करती हुई उस धरती पर 'माहेश्वर झा', 'माहेश्वर झा' लिखता-मिटाता था। अब मार-पीट की बात कान में पड़ी तो एक नजर से भाभी के मुँह की ओर देख लिया, फिर बोला—सबकुछ करना होता है मौके पर रानीजी !

—ऊँ ?

—खेल नहीं है भाभी, एक लड़की के जीवन का सवाल है।

भाभी चुप रह गई, अपने आवेग को उसने रोक लिया। समस्या की गंभीरता पर ध्यान जाते ही उसका चेहरा भारी हो उठा। गोदी का बच्चा सो चुका था। उठकर उसे सुलाने चली घर की ओर तो

1. पाँव।

माहे से उसने पूछ लिया—पानी पियोगे बबुआ ?

—पिला दो !

—अच्छा !

माहे सोचता रहा, आज इसको भी नींद नहीं आएगी। हर बात में भाभी हमारी तरफदारी करती है। हमारे खिलाफ जो भी शिगूफा छूटता है, उसमें यह हमारी ओर से वकालत करती है। हमें बढ़िया से बढ़िया सलाह देती है...और मोह तो देखो ! मार-पीट मत करना ! बिसेसरी की भलाई हम जितनी चाहते हैं उससे रत्ती-भर भी कम भाभी नहीं चाहती होगी, बल्कि अधिक ही कह लो। मगर हम किसी मुसीबत में पड़ जायँ, यह भी इसे बर्दाश्त नहीं है...नहीं भाभी, हम नाहक मार-पीट नहीं करेंगे।

झकाझक करते हुए फुलही गिलास में लाकर भाभी ने पानी दिया माहे को। वह गट-गट करके एक ही साँस में सारा खींच ले गया भीतर। आँखें मगर भाभी के चेहरे पर नाचती रही थीं।

भाभी कोई ऐसी सुंदरी नहीं थी कि लाख में एक हो। हजार में एक शायद रही हो वह। लेकिन थी दिलेर और दिलदार, इस दृष्टि से वह अवश्य ही लाख में एक रही होगी। बूलो की तो खैर वह अपनी ही थी, दिगंबर और माहेश्वर और जो भी कोई उसके संपर्क में थे, सभी का मुँह टूटता था नेपाल तराई की इस किसान-कन्या की सराहना करते ! किसी दूसरे व्यक्ति की प्रशंसा से उनका जी भले अघा उठता हो, भाभी के गुणगान से कभी उनका मन नहीं भरा ! ऐसी थी बूलो के भाई की यह घरवाली !

छह

नौ-दस साल की एक लड़की आई और बिसेसरी के पास जाकर बैठ गई। उसके बाल सँवारे जा चुके थे, चोटी गुँथ चुकी थी, आँखों में काजल लग चुका था।

गहने रामेसरी के अपने कम ही थे। अपनी हँसली दो साल पहले ही उसने बेटी के गले में डाल दी थी। पति की दी हुई नथ थी, कंगन थे और करधनी थी। सो, आज संदूकची से निकालकर—खटाई से माँज-मूँजकर, सुखा-पोंछकर रखे हुए थी। मझली बहू से चंद्रहार ले आई थी, छोटी बहू से झुमके। गले में डालने की चाँदी की चकतियाँ बड़ी बहू खुद ही निकाल लाई थी।

रामेसरी ने एक-एक कर बिसेसरी को गहने पहनाए। लड़की को बार-बार प्यास लगती थी, उसका मन परेशान था। दिल बुरी तरह धड़क रहा था। आज सभी उसे एक अजीब नजर से देख रहे थे। अँधेरे घर में साँप ही साँप ! उसे बड़ा ही डर लग रहा था, अगले क्षणों में क्या होनेवाला है...दूल्हे के बारे में सही बातें बिसेसरी से अच्छी तरह छिपा रखी गई थीं। वह तो खैर बूलो की भाभी से सबेरे

ही थोड़ा—कुछ बेचारी को मालूम हुआ था। चतुरा चौधरी के पीछे पिछले तीन दिनों से पंडित पड़ा था, रिश्ते की बात पक्की-सी हो चुकी थी और कल रात को जो लोग सौराठ से लौट आए थे, उनकी मेहरबानी से यह समाचार गाँव के वायुमंडल में तभी से मँडरा रहा था। पहला आदमी खंजन थी जिसके मुँह से बिसेसरी को यह बात मालूम हुई और तब बेचारी को जैसे साँप सूँघ गया ! घायल हिरनी-सी दौड़कर वह बूलो के घर गई और भाभी की गोद में बेसुध गिर पड़ी। अपनी नौकरानी भेजकर भाभी ने फौरन दिगंबर और माहे को बुलवाया, बूलो मौजूद था ही। बिसेसरी उस गँवई 'बमपाटी' की अनियमित सदस्या थी, पिछले छः महीने से। वे एक-दूसरे की दिक्कतों से पूर्ण परिचित थे। खेल-मनोरंजन, सोच-विचार, सुख-दुःख...कभी-कभी नाश्ता-पानी भी—बहुत-सी बातों में वे परस्पर आत्मीय बन चुके थे। आज दुपहर तक माहे और दिगम्बर भाभी के पास बैठे थे, यह तय करके ही उठे थे कि बिसेसरी का ब्याह उस बूढ़े से कदापि न होने देंगे। बिसेसरी गो कि पहले ही वहाँ से उठ आई थी मगर मन उसका अच्छी तरह मान गया था कि मेरा गला ये लोग नहीं कटने देंगे...लेकिन यह तो दुपहर की बात हुई न ? पहर-भर रात बीत गई है, दूल्हे का सर-सामान और उसके आदमी बाहर बैठके में आकर जम गए हैं। नाना स्वयं अपने हाथों 'कन्यादान' करेंगे, सो, नहा आए हैं और सन्ध्याकालीन पूजा-पाठ से निबट रहे हैं। कुलदेवता के समक्ष मंगलगान आरंभ हो चुका है, बड़ी-बूढ़ी औरतें और नई-नवेली बहू-बेटियाँ रस ले-लेकर गा रही हैं। नानी स्वयं पूड़ियाँ छानने बैठी है, माँ साधारण रसोई में। मुझे सजा-सँवारकर मौके के लिए तैयार कर लिया गया है—अब और मेरे सर्वनाश में क्या बाकी बचा है ? वह देखो, नाई हवन की लकड़ियाँ ला रहा है, कुम्हार हाथी-पातिल-पुरहड़[1] और सकोरे वगैरह ले आया है। मझली मामी आँगन के बीचोबीच ब्याह के लिए जगह लीप रही है। छोटी मामी कनेर के पीले फूलों की माला गूँथ रही है। बड़ी मामी का सारा ध्यान अपने बच्चों को धड़िया-धोती, अंगा-टोपी और आंगी-घघरा पहनाने में लगा हुआ है और दुलहिन यहाँ झख मार रही

1. शादी के वक्त मिट्टी का पक्का हाथी सामने रखा जाता है। पातिल वह हँडिया है जिसके अन्दर दीया जलाकर, ऊपर ढक्कन से आधा ढँका रहता है। पुरहड़ (पुरोघट)—मंगलकलश।

है ! हे भगवान, कैसे मैं यह जहर पियूँगी ?

रह-रहकर बिसेसरी के मन में यही तरंग उठती थी कि कुएँ में जाकर कूद पड़े...बीच आँगन में खड़ी होकर चिल्ला पड़े—इससे अच्छा यही होगा कि भगवती दुर्गा की पीड़ी पर मेरी बलि चढ़ा दो...

उसे भाभी, माहे, दिगंबर और बूलो आदि याद आए—वे बैठे नहीं होंगे; कुछ न कुछ मेरे लिए वह जरूर करेंगे। घुप अँधेरे में आशा की एक झलक बिसेसरी को दिखाई पड़ी और कमर सीधी करके एकाएक वह खड़ी हो गई। गहनों के झंकार से घर का वह मौन टूट गया।

वह छोटी लड़की जो अभी तक चुपचाप बैठी थी, चट से उठकर आगे बढ़ी। उसने इधर-उधर देखा, वहाँ कोई नहीं था। सब आँगन या दूसरे घरों में कुछ न कुछ कर रही थीं। इस कोठरी में बिसेसरी को छोड़कर वह खुद ही थी।

मौका पाकर उसने बिसेसरी के हाथ में एक पुर्जी गोंज[1] दी और चली गई।

इस घर में एक ढिबरी जल रही थी, लालटेन सभी बाहर जगमगा रहे थे।

बिसेसरी निकलकर बाहर बरामदे तक गई और झाँककर देखा, सब अपने-अपने काम में लगी थीं। फिर वह अंदर आ गई। संदूक की आड़ में ले जाकर कोने के एक आले में ढिबरी रख दी, पुर्जी को खोलकर बाँचना शुरू किया।

"प्रिय बिसेसरी,

घबड़ाना नहीं। हमने तुमको जो वचन दिया है, उसे पूरी तरह हम निभाएँगे। तुम जरा भी मत घबड़ाओ। तुम्हारी मदद की अभी तो कोई जरूरत नहीं है, आगे भी जरूरत नहीं पड़ेगी—ऐसी आशा है। सबसे बड़ी सहायता तुम हम लोगों की यही कर सकती हो कि अपने दिल को कड़ा किए रहना।—13/6/50 दिगंबर।"

भरोसे की चंद पंक्तियाँ बिसेसरी को संकट-मोचन का अमोघ आश्वासन प्रतीत हुईं। एक, दो, तीन, चार जाने कै बार वह उन पंक्तियों को आदि से अंत तक पढ़ गई, फिर भी संतोष नहीं हुआ। देवी-देवता का फूल अंदर डालकर लोग बड़े जतन से जंतर मढ़वाते

1. पकड़ा।

हैं ताँबे का, चाँदी का, सोने का, अष्टधातु का; वे उसे बाँह में, गले में, कमर में बाँधते हैं कि हमेशा शरीर से लगा रहे। लेकिन बिसेसरी को इतने-भर से कहाँ तसल्ली होती ? उसका वश चलता तो अभी छाती चीरकर इस पुर्जी को वह अंतःकरण में सँभाल रखती !

पिछले आठ-दस घंटों में अपने इन बंधुओं के मन की एक भी बात बिसेसरी तक नहीं पहुँची थी, पहुँचता रहा बस एक यही सुसमाचार कि रानी बनेगी बीसो—सोने के गहनों से लद जाएगी, हाथी पर चढ़के गौरी को पूजेगी !

अपने अंदर आज उसे सचमुच नया खून महसूस हुआ। एक प्रकार की नई चेतना से उसके अंग-अंग में फुर्ती दौड़ने लगी—तो वह अकेली नहीं है। दिगंबर और माहे, भाभी और बूलो गाल ही नहीं बजाते थे सिरिफ, वे कुछ कर भी सकते हैं।

मन हुआ कि एक-एक करके सब गहने उतार डाले और चुपके से भाग जाय। पिछवाड़े से दाईं तरफ माहे की बाँसों की बाड़ी है, आगे खेत शुरू होते हैं। काफी दूर तक गन्ने की खेती है।...मगर इस तरह भागकर वह जाएगी कहाँ ?

बिसेसरी का दिमाग फिर चकराने लगा।

भीत के सहारे वह धम्म से बैठी तो कागज का वही टुकड़ा ठुड्डी से छू गया। वह अब तक उसके हाथ में ही था। पुर्जी के स्पर्शमात्र से बिसेसरी फिर सँभल गई।

ढिबरी को नीचे किए बिना ही वह पुर्जी को फिर बाँचने लगी, मन ही मन...

अपने को उसने फटकारा—घबड़ाती क्यों है ? सोचने का सारा ठेका तूने ही ले रखा है क्या ?

तब उसे ध्यान आया कि पेंसिल से चार आखर घसीटकर भाभी को भेजवा देती ! लेकिन, अब वक्त भी कहाँ है ? और ले भी कौन जाएगा आखिर !

कि इतने में एकाएक आँगन की हलचल कई गुनी बढ़ गई !

यह क्या हुआ ?

आ तो नहीं गया वह कसाई ?

हे भगवान !

सचमुच यही बात थी। घोड़े की हिनहिनाहट ने बिसेसरी के

दिल की धड़कन को और बढ़ा दिया। वह न उठी, न हिली। बाईं हथेली पर ठुड्डी टेके, रुक-रुककर चलती साँसों से घबड़ाहट को परे धकेलने की कड़ी कोशिश में वह लग गई।

बाहर बैठक में, कई तख्तपोशों पर कम्बल और जाजिम बिछे थे। छोटी चौकी पर ऊन का खूबसूरत आसन बिछा था। पास ही बड़ा लोटा, पानी भरा ताँबे का घड़ा और पीतल की अढ़िया धरी थी।

दूल्हा बाबू के पैर धुलवाए गए, उन्हें भली-भाँति पोंछवाया गया। इस ड्यूटी पर बूढ़े छकौड़ी खबास तैनात थे।

दूल्हा के बैठ चुकने पर घरवाले और गाँववाले भी बैठ गए। सब चुप थे, एकटक दूल्हे के चेहरे की तरफ देख रहे थे।

उमर उसकी साठ से कम की तो क्या होगी, दो-एक वर्ष अधिक ही होगी। चेहरा रोबीला था। कान छोटे-छोटे, आँखें बादामी। नाक न खड़ी, न पड़ी। होंठ पतले। बाल पके हुए। मूँछें बारीकी से छँटी हुईं, दाढ़ी साफ। गालों में गढ़े पड़ गए थे। सिल्क का कुर्ता, टसर की पगड़ी, रेसमी चादर। सिकिया कोर की फस्ट क्लास धोती। हिना और केवड़े की तेज खुशबू से लोगों की नाक भर-भर उठती थी। गेहुआँ कपार पर गीले सेंदूर का गोल टीका पेट्रोमैक्स की तेज रोशनी में बड़ा ही भला लग रहा था।

पंडित मय पाँचों पूत आगंतुक की अभ्यर्थना में हाजिर थे।

बाकी लोगों में मुखियाजी थे, फतूरी ठाकुर थे, परमानंद पाठक थे। जयनारायण मल्लिक, मधुसूदन कंठ, श्रीनारायण प्रतिहस्त, गाँव के स्कूल के चारों मास्टर, संस्कृत पाठशाला के जोतखीजी और बीसियों दूसरे लोग भी मौजूद थे।

रात पहर-डेढ़ पहर बीत चुकी थी। दस क्या, एगारह का अमल होगा। उमस काफी थी। पंखों के अभाव में बड़े-सयाने अँगोछी झुला-झुलाकर हवा ले रहे थे, लड़के हाथ झुला-झुलाकर। पेट्रोमैक्स ने गर्मी की मात्रा को कई गुना बढ़ा दिया था। कीड़ों-फतिंगों को झुलस-झुलसकर मरने का अपूर्व अवसर प्राप्त हुआ था।

चर्चा चली कि पाकिस्तान जोर मार रहा है, काश्मीर में फिर घमासान मचेगा...बात का छोर कांग्रेसी शासन से छू गया तो खोंखा पंडित बीच में ही टप-से बोले—अंग्रेज बहादुर ही अच्छे ! इनसे तो

हम भर पाए...बिना राजा के कहीं कोई राज चला है ?

छकौड़ी खबास बैठक से हटकर अँगनई में बैठा था। तमाकू खोंट रहा था, खैनी मलने के लिए। वह बोला—अंग्रेज लहू पीता था, ई लोग हड्डी चबाते हैं पंडितजी !

इस पर मुखियाजी कड़वाहट से भर गए, कहा—धन्य कांग्रेस सरकार कि हमारी-तुम्हारी इज्जत-आबरू बची हुई है ! दूसरे की हुकूमत होती तो आजकल केला-थम्भ की छाल इसी भाव से खरीदते लोग और सो भी कहाँ मिलती ?

फतूरी ठाकुर ठीक इसी वक्त कपड़ा कंट्रोल की शिकायत करने लगा— जमाहिरलाल का भला इसमें क्या कसूर है ! अफसर साले घूस खाते हैं, दुकनदार उनको चाँदी सुँघा देता है बस...

दूल्हा भला क्यों पीछे रहने लगा ? बोला—सरकार मलेच्छों के प्रभाव में है, हम हिंदू अगर आपसी भेद-भाव भूलकर एक हो जाएँ तो कल ही रामराज स्थापित हो जाय।

दैहिक दैविक भौतिक तापा
रामराज काहुहि नहि व्यापा।

बाबा तुलसीदास की बात एकता और धर्म के बिना कैसे अमल में आएगी !

कि बूँदाबाँदी शुरू हुई।

बादल उमड़-घुमड़कर तो नहीं आए थे। दो-चार खंडमेघ आकाश में मटरगश्ती कर रहे थे, अब ठीक माथे पर पहुँचकर अलसा गए तो ढीले पड़ने लगे। बूँदों की पटापट सुनकर बैठक में बैठे हुओं के कान गुदगुदा उठे, देह में हल्की सिहरन हुई।

छकौड़ी ने जल्दी में सुरती ठोंकते हुए कहा—देखना हो इन्नर महराज, सुभ काज में भङठी[1] मत डालना !

फिर उसे कुछ याद आया—

—मालिक का घोड़ा कहाँ है पंडितजी ?

—अरे हाँ, घोड़ा कहाँ है बच्चन ?

पेट्रोमैक्स की लाइट जहाँ सबसे अधिक पड़ रही थी वहीं बैठकर बच्चन नई जनेऊ में गाँठ दे रहा था, सामने चँगेरी में तीन-चार जोड़े जनेऊ के पड़े थे—पीले रंग के। और तानियों में गाँठ

1. विघ्न, रुकावट।

पड़ चुकी थी, यही एक तानी गँठियाने को रह गई थी। एक तानी में इतना लंबा धागा रहता है कि तीन फेरों की एक जनेऊ होती है, आमतौर पर लोग छः फेरों की दो जनेऊ धारण किए रहते हैं कि एक-आध धागा कहीं टूट-टाट गया तो तन-मन की शुद्धि बनी रहेगी। सो, आज बियाह-संस्कार के समय कई जनेउओं की जरूरत थी। बच्चन जल्दी-जल्दी जनेऊ गठिया रहे थे। गाँठ डालकर जनेऊ को उन्होंने समेटा-गोलियाया और बोले—"घोड़ा तो पोखर पर है, पीपल की जड़ से बँधा है। दो टोकरे हरी घास डाल दी गई थी उसके आगे, खा-वाकर आराम कर रहा होगा बैठ के।"

पंडित ने यह सुना तो उनका मन थिर हुआ, हल्की-सी हुँकारी भरकर रह गए।

तब तक बूँदाबाँदी खतम हो चुकी थी।

छकौड़ी ने तैयार सुर्तीवाला दाहिना हाथ सलीके से आगे बढ़ाकर दूल्हे के भांजे से कहा—"लिया जाय हजूर !"

उसने डबल जूम तमाकू छकौड़ी की तलहथी पर से उठाकर निचले होंठ और दाँतों के दर्म्यानी गढ़े के हवाले किया और बैठने की मुद्रा बदल ली। पल्थी मारकर बैठा था सो अब चुक्कीमाली[1] हो गया।

खबास ने फतूरी ठाकुर को भी सुर्ती दी, बल्कि हाथ बढ़ाके लेने को कहा।

रही-सही खैनी उसने आप फाँक ली तो बरामदे से नीचे उतरकर अँगनई में जीमड़ के अधबीजू खूँटे से पीठ टिकाकर आ बैठा...

कटी-टूटी बातें पंखहीन तितलियों-सी बैठकें में अब भी रेंग-रेंगकर चल ही रही थीं।

छोटी जात का एक छोकड़ा दूल्हे के पास खड़ा था और किनारीदार बड़ा पंखा झल रहा था, पुराना और पीला पड़ गया हुआ ताड़ के पोढ़े पत्ते का पंखा—लंबी-मोटी डंठलवाला।

बीच ही में मुखिया ने मँगवा लिया था,, दादे के अमल का अपना पंखा। गाँव की इज्जत को ऊँची बनाए रखने में मुखिया

1. मुड़े घुटनों को पीठ के सहारे अँगोछी से तनिक ढीलाढाला-सा बाँध लेते हैं, इससे बिना उठे भी अपने-आप एक सहारा हो जाता है।

अपना-पराया सब भूल जाता था !

कितना बड़ा मातबर आदमी आज नौगछिया आया था !

फिर भी जाने क्या बात थी कि दूल्हा रह-रहकर कछमछा उठता था। वह इधर-उधर नज़र घुमाकर फिर-फिर अपनी बाईं कलाई उठाता था।

कै बज गए ?

पौने बारह !

देर क्यों हो रही है ?

कुछ नहीं, दूसरा मुहूर्त पौने एक बजे पड़ता है जो कि साढ़े दस वाले से कहीं तगड़ा और महाशुभ है।

अच्छा, तो यह बात है !

मगर बड़ा ही विलंब होगा।

हटाओ भी, मंगलमय परिणामों के लिए हमारे पूर्वज कठोर से कठोरतर साधना कर गए हैं, हम रात-भर जाग भी नहीं सकते ? छिः !

दूल्हे की कमर सीधी हो गई, वह तनकर बैठा।

सात

बिसेसरी को लेकर सधवा औरतें गाँव के बाहर आम और महुआ के पेड़ पुजवाने गई थीं।

बाहर बैठक में तो रौनक थी, लेकिन आँगन मानो खाली था। रामेसरी और मझली बहू, बस दो ही जने रह गए थे घर में। बाकी सब–बच्चे तक–पेड़पूजन के निमित्त जो शोभायात्रा निकली थी अपने आँगन से, उसी में शामिल होकर बाहर निकल गए थे। टोल[1] की अपनी पुरानी कुतिया तक उस जुलूस में साथ गई थी...वह बिलकुल स्वस्थ रही हो ऐसी बात नहीं, तो भी बेचारी साथ गई थी–बारह साल के पिछले जीवन में उसका बिसेसरी से अटूट सखीभाव चला आ रहा था, आज ही भला यह क्यों पीछे रह जाती ?

रामेसरी और मझली बहू अपने कामों में मशगूल थीं।

बैठक के कोने पर एक छोटा दरवाजा था, वह अंदर घर की ओर खुलता था। यों तो समूचा ही बैठका भीतरी मकान का बाहरी हिस्सा था, लेकिन था वह बिलकुल स्वतंत्र। बैठके के दोनों छोर क्या

1. मुहल्ला।

थे, कमरे थे दो छोटे-छोटे। उन्हीं में ऐसे एक कोठरी का लगाव अंदर हवेली से था।

रामेसरी झाँक-झाँककर दूल्हे का चेहरा-मोहरा देख चुकी थी। वह बहुत उदास थी। शकल-सूरत तो आदमी की कोई उतनी बुरी नहीं थी, हाँ, पकी उमर और तीन-चौथाई सफेद बाल बेचारे को बिसेसरी के अयोग्य घोषित कर रहे थे।

अभी वह वर-वधू के लिए तस्मै[1] तैयार कर रही थी।

साधारण रसोई से अलग, मिट्टी के ताजे चूल्हे पर पीतल का मामूली तसला चढ़ा था। दो चैलियाँ, फटे-पुराने बाँस की फट्टी। मजे की आँच थी। खौलते दूध में चावल उबल रहे थे।

पास ही रामेसरी बैठी थी। आधी पल्थी, दूसरा घुटना उठा हुआ। दाहिने हाथ में पीतल की कलछी, बाईं हथेली पर ठुड्डी टिकी थी।

सामने की आँच की ओर एकटक निगाह।

—किस गुनधुन में पड़ी हो दइयनि ?

मझली बहू के स्वर ने रामेसरी की अन्यमनस्कता से टक्कर ली, फल कुछ नहीं निकला। वह सूनेपन में छितरा गया।

मझली बहू नजदीक आ गई।

ननद की आँखों में झाँककर देखा।

अब भी रामेसरी खोई ही रही, मन की समूची शक्ति जाने किस झोंझ में उलझ गई थी कहाँ जाकर ! शरीरमात्र वहाँ पड़ा था।

तसले का गला खौलते दूध के फेन से लबालब भर आया। मझली बहू रामेसरी के हाथ से कलछी लेकर उस ओर लपकी और खीर घोटने लगी।

मझली बहू भी दूल्हा देखकर झँवा गई थी। यह उसकी कल्पना से परे की बात थी कि बीसो जैसी सोनछड़ी को बूढ़े पीपल की डाल से लटका दिया जाएगा। वह स्वयं एक गरीब ब्राह्मण की बेटी थी। उसका बाप ईमानदार और निर्लोभी पंडित था। पूर्वजों की अर्जित जमीन थी, पाँच बीघा। दो हट्टे-कट्टे बेटे थे। लग-भिड़कर वे धरती माता की उपासना करते थे। लड़कियाँ एक नहीं, तीन थीं। मुदा उनमें से एक की भी शादी से उस बाभन ने रुपैया नहीं बनाया।

---

1. खीर।

अपनी ही तरह के मामूली गृहस्थी के घर उसे पसंद आए।

मझली बहू की आँखें छलछला आईं, गला भारी हो आया—दइयनि !

उसने रामेसरी के कंधे पकड़ लिए, उन्हें हल्का झकोरा दिया—एक बार, दो बार, और तीसरी दफे भी।

रामेसरी की चेतना लौट आई। वह सँभलकर बैठी।

—हो गया फुलकुम्मरि ?

—हाँ, डाला सज गया।

—देखो न, खीर अब भी नहीं हुआ है !

—वाह ! हो गया, मैंने देख लिया।

—सच ?

—तो क्या झूठ ?

—ऊँ !

—तुम चलो दइयनि, आँगन में चलकर बैठो। मैं आँच हटाकर अभी आई।

रामेसरी उठी और जाकर बीच आँगन में खड़ी हुई।

—अरे, बूँदें पड़ी थीं !

अधिक नहीं, दस ही पाँच बूँदें पड़ी हैं, यह जानकर रामेसरी को संतोष हुआ।

लिपे-पुते आँगन में सफेद अइपन[1] चक-चक कर रहा था, गाड़ी का चक्का जैसी गोल और बड़ी परिधि में कुईं के फूलों की माला आँकी गई थी। मध्य में षोडश-दल कमल अंकित था।

अइपन पर ध्यान जाते ही रामेसरी को अपनी माँ के बारे में अभिमान महसूस हुआ—मेरी मइया कैसी गुनमन्ती है ! लोढ़ा-सिल और चक्की-ऊखल तो सब चला लेती है, यह विद्या सबके बस की नहीं।

सारी तैयारी पूरी हो चुकी है—रामेसरी अपने-आप बिदबिदाई। दूल्हे की शकल-सूरत न याद आ जाय, इसी से वह कुछ न कुछ बुदबुदाती रही। उसका मन इस अप्रिय स्मृति से बेहद कतरा रहा था।

—जो होना है, जल्दी हो जाय !

1. भिगोए हुए चावल को पीसकर और घोलकर अँगुलियों से अंकित मांगलिक चित्रण, आलिम्पन।

—तो अब देर ही क्या है ?

—गे मइयो, अभी क्या हुआ !

—नाहक ही मत घबड़ा तू !

—कहाँ घबड़ाती हूँ...

कमर सीधी करके खड़ी हो गई रामेसरी, जैसे ट्रेनिंग के समय रँगरूट को हवलदार ने कह दिया हो—हो शि या र !

घर से मझली बहू निकल आई।

पास आकर ननद से उसने कहा—दइयनि, और सब तो ठीक है, मेघों का विश्वास नहीं।

—नहीं, अभी बरखा-तरखा नहीं होगी।

—और अभी-अभी जो बूँदें पड़ गईं सो ?

—बस, इतना-भर बरसना था।

आकाश की ओर दाहिना हाथ उठाकर रामेसरी ने कहा—दो-तीन टुकड़े बादलों के वह देखो पच्छिम तरफ भाग चुके हैं। पछिया हवा होती तो तुम्हारा डर ठीक था, यह तो पुरवइया सिहक रही है...

—भगवान करें !

इसी बीच बाहर, बैठके की ओर से दुतर्फा आवाज आने लगी। स्वर साधारण नहीं था, उसमें झगड़े की धसक थी। ऐसी कि मेंड़ के दो ओर खड़े होकर दो खेतिहर आधा बित्ता जमीन के लिए तकरार कर रहे हों आपस में।

स्वर की तिखाई एकाएक बढ़ गई। एक आवाज थी खोंखा पंडित की, दूसरी माहे की।

दूसरी आवाज में तिखाई उतनी नहीं थी जितनी कि दृढ़ता...

—फुलकुम्मरि, तुम इधर देखती रहो। मैं तनिक उधर देखूँ।

रामेसरी दौड़कर पछवरिया घर के ओसारे में आई और दाहिनी तरफ से होकर उस कोठरी में घुसी जिसका अगला दरवाजा बैठके की ओर खुला था। उसकी कोंढ़-करेज केले के नए पत्ते की तरह काँपने लगी थी...क्या होनेवाला है !

रामेसरी छाती पर दोनों हाथ रखकर किवाड़ी की आड़ में खड़ी हो गई। झाँककर देखने का साहस उसमें बाकी नहीं था। खतरे की प्रतीक्षा में निश्चेष्ट खड़ी रही वह।

"बाप चूल्हा फूँकते-फूँकते मर गया और तू हमारे घर में

आग लगाने आया है ?"—माहे की ओर हाथ बढ़ा-बढ़ाकर खोंखा पंडित चिल्ला रहे थे। वह चुप था, निगाहें मगर दूल्हे पर गड़ी हुई थीं।

"जाता है कि नहीं यहाँ से सूअर कहीं का !"—पंडित फिर चिकरे[1]।

माहे ने मजबूती से कहा—मैं जाने के लिए नहीं आया हूँ पंडित बाबा, आपसे तो मैंने कुछ कहा भी नहीं है...

—आग तो लगा दी है, कहेगा क्या !

—मुझे आपसे कुछ मतलब नहीं है...

माहे ने दूल्हे के भांजे को संबोधित किया—आप तो, सुना है, पढ़-लिखे हैं। क्यों न अपने मामा को समझाते हैं ? साठ साल की उमर, पाँच-पाँच जवान बेटों के बाप...छी-छी-छी-छी ?

खोंखा पंडित ने यह सुनते ही माहे पर अपनी एक खड़ाऊँ फेंकी, वह वार को बचा गया। जाकर जरा अलग खड़ा हुआ और मुस्कुराता रहा।

बच्चन अपने बाप को सँभालने में लगा था। दूसरे बेटे किंकर्त्तव्यविमूढ़ खड़े थे। पंडित दाँत पीस-पीसकर मुँह टेढ़ा कर-करके अनाप-सनाप अपना बके जा रहे थे; दाहिने हाथ की मुष्टिमुद्रा बना-बनाकर और बाएँ हाथ से उसकी हत्थड़ पकड़-पकड़के वह माहे को कह रहे थे—केला लेगा, केला ? भोस और बाड़नर[2] ? अपनी माँ के...

उधर फतूरी और मुखिया दूल्हे से बातें कर रहे थे। उसका भगिना[3] भी उन्हीं बातों में अपना कानमुँह भिड़ाए हुए था।

पंडित का चौथा लड़का—टुनाई—इस साल मैट्रिक में था। उसकी आयु बिसेसरी से डेढ़ साल बड़ी थी। उसका भी मन इस प्रकार के दूल्हे के पक्ष में नहीं था।

माहे का रुख देखकर टुनाई को यह समझते देर नहीं लगी कि गाँव-भर के नौजवान इस ब्याह के खिलाफ हैं, यह विरोधप्रदर्शन न तो अकेले माहेश्वर की ओर से है और न असंगठित ही है।

टुनाई स्वयं भी समझदार था और बहुत-सी बातों में वह नवयुवकों का साथ देता। पिता की संकीर्ण मनोवृत्ति का शिकार वह

1. चीत्कार किया, चिल्लाए, 2. मोटे-मोटे केलों की दो जातियाँ, 3. भांजा।

खुद भी कई बार हो चुका था, बहनों की दुर्दशा उसे रह-रहकर कोंचती थी।

इस समय भाइयों को चुप पाकर टुनाई ने समझ लिया कि सिवाय बाबू (पिता) के यह दूल्हा किसी को पसंद नहीं है; माँ और बहन डर के मारे कभी कुछ बोलती नहीं; जो मन में आता है बाबूजी वही करते हैं...देखो न, माहे बेचारा नाहक इनकी गालियाँ सुन रहा है, क्या बुरा कहा है उसने ? दूल्हे की क्या कमी है, एक नहीं एकइस मिलेगा...

वह चट से माहे के पास गया।

दोनों अलग जाकर सिंदुआर की झाड़ियों की आड़ में फुसफुसाने लगे।

—अब क्या होगा ?

—वापस जाएगा बुड्ढा, और क्या होगा ?

—लोग क्या कहेंगे ?

—और, ब्याह हो जाने पर दुनिया क्या कहेगी ?

....

—एक काम करोगे ?

—क्या ?

—अभी बिसेसरी गई है आम-महुआ के पेड़ पूजने, लौट आए तो कहना : खूब पानी पी ले और मुँह में उँगली डाल-डालके कै करे...

—फिर ?

—फिर तुम बैठके में आकर सबके सामने यह खबर सुनाओ कि बिसेसरी की तबियत एकाएक खराब हो गई है, उसे तीन कै और दो दस्त हुए हैं...

—अच्छा।

अब टुनाई ने माहे के बाएँ कंधे पर अपना दाहिना हाथ धर दिया और पूछा—तुम अब क्या करोगे ?

देख लेना—अपने कंधे पर से उसका हाथ हटाकर माहे बोला।

टुनाई इधर आया, माहे उधर गया—पोखर की तरफ।

आठ

रात अधिक हो गई थी।

बहुतेरे दूल्हा के पास तनिक देर बैठकर चले गए थे कि सेंथ में सेंदुर पड़ेगी और फेरे पड़ेंगे तब आएँगे और दूल्हा-दुलहिन को आशीर्वाद दे जाएँगे।

फतूरी, मुखिया और संस्कृत पाठशाला के जोतखीजी[1] और छकौड़ी खबास—बस, गाँव का और कोई नहीं था। जो थे सो सब घरवैया ही थे, पंडित और उनके बेटे। बाकी, दूल्हा बनने का मंसूबा बाँधकर जो आए हुए थे वह बाबू श्री चतुरा चौधरी तो विराजमान थे ही, भगिना भी था उनका। अलग, फटी दरी पर अधेड़ उमर का टहलुआ[2] था बैठा हुआ। उसकी आँखें अपनी नींद-लदी पलकों से जूझ रही थीं।

ऐसे ही समय माहेश्वर आकर महफिल में मानो बम फोड़ गया था, धुआँ से सबका दिमाग भारी और बेकाम हुआ जा रहा था। घायल दो जने हुए थे।

1. जोतसी, ज्योतिषाचार्य, 2. सेवक, नौकर।

भावी दूल्हा बुरी तरह घायल हुआ !

खोंखा पंडित का हाल तो और भी खराब था।

भारी-भारी रुँधी-रुँधी बातें होती रहीं।

मुखिया बोला—अपने गाँव के छोकड़ों का मिजाज सनक गया है, इनका इलाज होना चाहिए फतूरी काका !

मुँह की खैनी थुकर[1] के फतूरी ने कहा—चारों चरन कलजुग इसी नौगछिया बस्ती पर छा गया है...

मगर जोतखीजी ने जो बात कही इस पर, उससे सवाल का रुख ही पलट गया।

गेहुँआ खाल से मढ़ा हाड़ों का कमजोर ढाँचा। फाँक-सी आँखें। नुकीली नाक। बड़े-बड़े कान। पतली मूँछ, चिकने गाल। पहनावे में मामूली धोती, कंधे पर गमछा चारखाना।

भीत से पीठ टिकाकर बैठे थे वह।

उन्होंने कहा—अगहन में ब्याह के अच्छे दिन पड़ते हैं, लगन के वैसे बढ़िया योग इधर कई वर्षों में नहीं आए...

फतूरी ठाकुर छूटते ही बोले—अगहन ! आ हा ! मेरा ब्याह अगहन में ही हुआ था, हम दोनों कभी बीमार नहीं पड़े।

पंडित को धर-पकड़के लड़के अंदर ले जा चुके थे। उधर से फिर कौन क्या बोलता ! दूल्हे के भांजे को बातचीत के इस नए रुख से आज का लगन टालने की गंध आई तो चट से उसने कहा—नहीं, अभीवाला लगन भी बेजोड़ है।

—होगा!

जोतखी नकियाकर बोले।

फतूरी का मन कर रहा था कि प्रधान पाहुने की चुप्पी टूटे। लेकिन वह तो एकदम हतप्रभ और मौन बैठा था, पल्थी पर केहुनी थी और बँधी मुट्ठी पर ठुड्डी टिकी हुई थी। दृष्टि सामने जीमड़ के खूँटे पर।

कुछ देर तक फिर वातावरण गंभीर हो गया। कोई कुछ नहीं बोल रहा था। बीच-बीच में गमछे से पीठ झाँटने की आवाज। पेट्रोमैक्स की लाइट के कारण इधर-उधर उड़नेवाले कीड़े पीठ पर बैठते थे और गमछे की चोट खाकर सद्गति प्राप्त करते थे।

---

1. थूः करके, फेंककर।

दूल्हे के लिए जो खास पंखा आया था, वह भी अब आराम कर रहा था। टट्टी फिरने जाने का बहाना बनाकर पंखा झलनेवाला छोकरा कब का जा चुका था।

इस तरह महफिल पर मुर्दनी छा रही थी।

वह तो मुखियाजी मुस्तैद थे, नहीं तो हवा के अभाव में पेट्रोमैक्स भी अपना काम तमाम कर चुका होता !

छकौड़ी अँगनई में, जीमड़ के उसी खूँटे से पीठ टिकाए झपकियाँ ले रहा था।

—इधर आइए मुखिया काका !

अंदर से निकलकर टुनाई ने जोर से पुकारा तो मुखिया चिहुँक उठा—क्या बात है हो ?

—बिसेसरी के दो दस्त हुए हैं और तीन बार कै !

—अब क्या हाल है ?

—हाल क्या पूछते हैं, दाँती[1] लग गई !

—जाओ, हमारे घर से पुदीना का अरक और अमरितधारा लेते आओ।

टुनाई मुखिया के मकान की ओर गया।

फतूरी और मुखिया धड़धड़ाकर अंदर घुसे।

दूल्हा का धीरज अब जवाब दे गया। वह तख्तपोश पर से उठा। नीचे अँगनई में आकर चहलकदमी करने लगा। उसे नौ सौ रुपए डूबने की उतनी पर्वाह नहीं थी ज़ितनी कि बे-आबरू होकर वापस जाने की। थोड़ी देर वह अकेले टहलता रहा, फिर भगिने को बुला लिया।

दोनों फुस-फुस करते हुए चहलकदमी करते रहे।

छकौड़ी भी भीतर चला गया था, बिसेसरी को देखने।

चतुरा चौधरी का नौकर अपना उसी तरह ऊँघता रहा। मालिक किस मुसीबत में यहाँ आके फँसे हैं, इसका ज्ञान उस अलबौक को था ?

नहीं था।

नहीं था क्योंकि चौधरी का अपना आदमी किसी फौजदारी मामले का हाजती कैदा था आजकल, लहेरियासराय जेल में बंद।

1. मूर्च्छा, बेहोशी जिसमें दाँत पर दाँत बैठ जाते हैं।

जरूरत थी तो मालिक इसी मतसुन्न[1] को पकड़ लाए थे। तीन बार कहोगे तो बात इसके माथे में घुसेगी। डेढ़-सेर चावल का भात दोनों साँझ[2] ठूँसेगा, कुम्भकरन की तरह सोएगा...लाद-बोझ दो तो पक्का ढाई मन बोझा ढोएगा, चार लात लगाओगे तो पीठ झाड़कर और दाँत-मुँह चियारकर चला जाएगा; फिर बुलाओगे तो बिना चीं-चपड़ के वापस आएगा!

नाम क्या है?

बड़ा अच्छा नाम है, ढहलेलवा[3]!

इससे बढ़िया नाम उसका और होगा ही क्या?

मालिक का कंठ सूख रहा था।

तीन बार आवाज देने पर आदमी बोला—आँ?

—प्यास लगी है!

—आँए!

—पानी रे बैल, पानी चाहिए!

—ओं; पाइन मालिक?

—मर साले!

आखिर ढहलेलवा उठा और पानी लाकर अपने मालिक को उसने ठंडा किया।

कहने पर भगिना बाबू को भी वह पानी दे आया, अपनी ऊह[4] होती तो पूछ भी लिया होता!

पानी पीकर मामा-भगिना दोनों फिर बैठने को हुए...

ठहरो, लघुशंका कर आऊँ—कान में जनेऊ लपेटकर मामा बोले।

भगिना बाबू के लिए मामा का सक्रिय समर्थन मानो आवश्यक था, कान पर जनेऊ चढ़ाते हुए बोले—मैं भी मामा!

दोनों पेशाब कर आए पानी लेकर।

तख्तपोश पर बैठते हुए मामा ने फुसफुसी आवाज में कहा—देखा कुछ?

क्या?—विस्मय से आँखें फैल गईं भांजे की।

—अरे, उधर पीपल के तले पाँच-छः आदमी खड़े थे।

—यही लोग होंगे?

---

1. मतिशून्य, बुद्धिहीन, 2. जून, 3. महाबुद्धू, 4. समझ।

—तो, और कौन ?

दुर्गा ! दुर्गा ! काली ! काली !!

भांजा पंडित था, सीधा-साधा संस्कृत पंडित। उसका हृदय एक अज्ञात आशंका से कंपित हो उठा। वह सोचने लगा...मामाजी के माथे पर ब्याह का यह कौन-सा भूत सवार है, यह इनको चौपट करेगा एक-न-एक दिन ! फिर उसे याद आईं अपनी दिवंगत मामियाँ, एक-एक करके याद आईं। ममेरे याद आए, अपने पिता के प्रति उन लड़कों की जो कुढ़न थी सो याद आई...अपने ननिहाल के बहुतेरे दृश्य उसकी आँखों के सामने नाचने लगे। किस चक्रव्यूह में आज मामा फँस गए हैं !...यह सोचते ही बेचारे का चेहरा भारी हो उठा। उसे लच्छन अच्छे नहीं नजर आ रहे थे। यह विश्वास उसका संशय के भँवर में ऊब-डूब करके रह गया था कि सकुशल यहाँ से लौटेंगे और घर पहुँचेंगे।

बाबू चतुरानन चौधरी भी गुमसुम थे। इस तरह की पशोपेशी में वह भी कभी कहाँ पड़े थे ? पहला ब्याह तो खैर सत्रह साल की ही आयु में हुआ था, मुला[1] बाकी तीनों शादियाँ चालीस के ऊपर की थीं उन्होंने। क्या मजाल, कहीं किसी ने चूँ तक किया हो ! और, आज क्या इस छोटी-सी बस्ती के ये मामूली छोकरे शेर की मूँछें नोच डालेंगे ?

खानदानी शान-शौकत की याद आते ही मालिक की रीढ़ तन गई, चेहरे पर तेज छा गया और आँखों की चमक चौगुनी हो गई। मन ऐसा ताजा हो उठा कि पान के चार स्पेशल बीड़े एक ही बार मुँह में डाल लेने की इच्छा होने लगी ! लेकिन अब तो वह 'दूल्हे के रूप में' छिंक चुके थे, जब तक ब्याह नहीं हो लेगा तब तक सिवाय पानी के और कोई भी वस्तु मुँह में नहीं डालने देंगे लोग !

किसकी मजाल है कि अब इस ब्याह को रोके ?

छोकरे ऐसी-वैसी हिमाकत करेंगे, चाबुक से एक-एक की पीठ फोड़ दूँगा, हाँ !

मैं कुजड़े के खेत का मूली-बैंगन नहीं हूँ, मानिकपट्टी-मढ़िया के चौधरी-खानदान का पट्टीदार हूँ ?

शेर शेर हैं, गीदड़ गीदड़ ही रहेंगे...

---

1. मुदा, लेकिन।

...दूल्हे ने दिमागी मैदान में स्वाभिमान का घोड़ा छोड़ दिया था, टापों की कल्पित आवाज से मन-प्राण उसके भर-भर उठे थे।

घटकराज ने आते ही भंग छानी थी, मामूली कुछ खाकर जलपान किया था और बैठके की दूसरे छोरवाली कोठरी में खिड़की के सामने चारपाई पर तनकर सो गए थे। अभी तक उनकी योगनिद्रा पूर्ण नहीं हुई थी। कड़ी हिदायत थी कि उन्हें कोई उठाए नहीं। हाँ, सिंदूरदान के पश्चात् उन्हें अवश्य ही उठा दिया जाय—वर-वधू के मस्तक पर दूध और अच्छत डालकर आशीष देंगे, अपने ही घर का तो काम है वह !

बीच में इतना बड़ा कुकांड मच जाने पर भी घटकराज की नींद नहीं टूटी थी, अब भी ऋषभ-स्वर में वह अपनी नाक बजाए जा रहे थे—ठर्र र्र र्र र्र र्र...ठो ो ो ो...ठर्र र्र र्र र्र र्र...बड़ी पुष्ट और लयबद्ध ध्वनि थी, ऐसी कि सुनने पर कान तिरपित हो उठते और हृदय का अँतरा-कोना गुदगुदा जाता !

घटकराज की इस सुख-समाधि पर दूल्हे का भांजा मन ही मन ईर्ष्यालु हो रहा था, उसे पिछली रात भी अच्छी नींद नहीं आई थी।

ढहलेलवा बैठके के छोर पर खँभेली से अपनी पीठ टिकाए नींद के झकोरे लेने लग गया था, फिर निचले होंठ का मध्यप्रदेश तार-तार लार टपका रहा था उसका। जाँघ पर की धोती भीग रही थी।

हवा की कमी से पेट्रोमैक्स की रोशनी मद्धिम पड़ती गई। अंत में लाइट बिलकुल कम हो जाने पर प्रकाश का वह यंत्र फप्-फप् करने लगा !

फिर भी किसी का ध्यान उस ओर नहीं आकृष्ट हुआ !

रोशनी बिलकुल ही कम हो गई। लगा कि आखिरी हिचकी लेकर पेट्रोमैक्स अब अपनी इहलीला का संवरण कर लेगा।

इतने में चट् से दो युवक आए, एक नीचे ही खड़ा रहा और दूसरा मिट्टी की दो सीढ़ियाँ टपकर बैठके में आ धमका।

उसने फुर्ती से पेट्रोमैक्स में हवा भरनी शुरू की। मैंटल एकबारगी भभक उठा, फिर घुप्प ! और फिर झकाझक लाइट से समूचा दालान जगमगा उठा...

अब वह युवक नीचे आ गया अँगनई में।

दूल्हा और उसका भगिना—दोनों सँभलकर उन अपरिचित

चेहरों की ओर घूरने लगे।

भगिना ने चतुराई की, बोला—आइए, नीचे कब तक खड़े रहेंगे, आप लोग ?

आइए न !—दूल्हे ने शंकित स्वर में भांजे की बात का अनुमोदन किया।

दोनों चुपचाप आकर फर्श पर बैठ गए।

पूछने पर साँवली सूरत और फैली-फैली आँखोंवाले युवक ने कहा—मेरा नाम है दिगंबर मल्लिक और इनका बलभद्र मिश्र। मैं घर का काम-काज करता हूँ, यह नाइन्थ क्लास के विद्यार्थी हैं...

थोड़ी देर तक दोनों ओर चुप्पी।

इसी बीच में पुदीना का अर्क और अमृतधारा लेकर टुनाई लौटा, उसके पीछे माहे था।

टुनाई अंदर चला गया, माहे आकर मल्लिक के पास बैठा।

मल्लिक गौर से दूल्हे के मुँह की ओर देख रहा था इतनी देर तक। अब गंभीर स्वर में उसने कहा—बाबू साहेब, हम आपसे फिर प्रार्थना करने आए हैं। ब्याह का यह आग्रह आप छोड़ दें...

—ऐं, क्या कहा !

बुड्ढा बमक उठा, पागल और घवहा कुत्ते की तरह वह भौंकने लगा—तुम लोग गुंडई पर उतर आए हो ! सारी काबिलियत घुसाड़ दूँगा। देखो तो भला, सावन जनमा गीदड़ और भादो आई बाढ़ और गिदड़वा चिल्लाया बाप रे ! ऐसा बाढ़ कभी न देखी। बच्चू, अभी तो कुल चार रोज के होवे किए हो, नाभी की नार तक नहीं कटी है अभी ! अभिए चले अमें सबक सिखाने ? चार अच्छर पढ़ लिए हो तो क्या बूढ़-पुरनिया लोगों की गंजी चाँद पर चप्पल मारोगे ?...

गुस्सा के मारे कपार की नसें उभर आई थीं उसके तो ! आँखों के कोए लाल-लाल डोरों से सुर्ख हो चले थे, मुँह से अबरक का चूरन उड़ रहा था ! नाक की नोंक पर पसीने की बूँदियाँ हीरे की कनियों को मात दे रही थीं। बारी-बारी से हाथ फड़क और सिमट रहे थे।

हल्ला-गुल्ला सुनकर खोंखा पंडित निकले, हाथ में मोटी लट्ठ थी।

माहेश्वर उनका निशाना था।

पंडित ने भरपूर वार की थी, इस दफे भी माथे को उसने बचा

लिया मगर कमर में काफी चोट आई। वह लट्ठ का छोर पकड़कर वहीं बैठा रहा।

बलभद्र (बूलो) पंडित को ढकेलकर अंदर दे आया और इधर से साँकल चढ़ा दी उसने।

आप यों नहीं मानेंगे !—दिगंबर ने मुँह में दो उँगलियाँ डालकर जोर से सीटी बजाई।

सीटी बजते ही पाँच-छः जवान सिंदुआर की झाड़ियों की आड़ में से परगट हुए, सबके अपनी-अपनी लाठी थी। पीछे से एक आदमी दूल्हे का घोड़ा लेकर आया।

—लीजिए, यह आपकी सवारी आई, आप फौरन चल दीजिए।

—बाकी सामान कल चला जाएगा।

—फिर इस बस्ती में आप कभी मत आइएगा।

—पाँच लड़कों का बाप, साठ वर्ष की उमर और दूल्हे की यह साज-सिंगार ! छी-छी-छी !!

—डूब मरने को पानी क्या गाँव में नहीं मिला जो इतनी दूर आए ?

—सूरत-सकल तो देखो !

—कहाँ का छछूँदर यह हमारी बस्ती में आ गया !

आदर-सम्मान की यह तैयारी देखकर चतुरा चौधरी की सारी हेकड़ी भूल गई। इस समय उसे फतूरी और मुखिया का अभाव खटका।

फतूरी ठाकुर और मुखियाजी रंग में भंग देखकर किसी बहाने खिसक चुके थे, जोतखीजी बीच में ही उठकर चल दिए थे, जबकि मालिक और भगिना बाबू पानी पी-पीकर आप ही अपना दिमाग चाट रहे थे।

पंडित को अंदर दो बेटों ने पकड़ रक्खा। बच्चन और टुनाई आँगन के सदर रास्ते से बाहर आए और पूरी पल्टन को मुस्तैद पाकर बेहद घबड़ाए।

मोटी आवाजवाले दूल्हे की गर्जना सुनकर टोले-मुहल्ले के लोग जग गए थे। अपने-अपने घर से उचक-उचककर सभी पेट्रोमैक्स के जगमगाते प्रकाश में हो रहे उस नाटक का आस्वाद ले रहे थे, संशय और कौतुक का मिश्रित भाव सबके चेहरों पर छाया हुआ था।

अंदर, रूम में कैद पंडित ताबड़तोड़ गालियाँ बके जा रहा था।

बच्चन और टुनाई को सामने पाकर दूल्हा के बोल फूटे—कहिए बच्चन बाबू, आपकी क्या राय है ?

माहे को चोट तो काफी लगी थी, फिर भी उसने तड़ाक से कहा—चुपचाप घोड़े पर चढ़िए, सीधे चले जाइए दरभंगा !

गुर्राकर चतुरा चौधरी बोला—मैंने तुमसे नहीं पूछा !

—तो, बच्चन बाबू की भी यही राय है।

दिगंबर अधिकारपूर्ण टोन में बोला और बच्चन की ओर देखने लगा।

—हाँ बच्चन बाबू ?

....

बच्चन की मानो घिग्घी बँध गई हो ! एक शब्द क्या, एक अक्षर भी उसके मुँह से बाहर नहीं आ रहा था।

दूल्हे का भगिना खड़ा हो गया। हाथ जोड़कर लोगों से कहा उसने—आप सब कब तक खड़े रहेंगे ? आइए, बैठ जाइए...

हम बैठने नहीं आए हैं ।—एक बोला, शायद गोनउड़ा था।

तो, लो फोड़ दो ! यह रहा मेरा सिर !—आवेश में भरकर दूल्हा बोला और माथे को जरा आगे बढ़ा दिया।

राम राम राम राम !!—बच्चन बोला।

दिगंबर ने कड़ाई से कहा—बच्चन बाबू, यह बाबू साहेब जितनी देर लगाएँगे, अशांति उतनी ही बढ़ेगी। आप यह गाँठ बाँध लीजिए कि गाँव का एक-एक नौजवान पिटते-पिटते बिछ जाएगा मगर यह ब्याह नहीं होने देगा। यह बहुत बड़े आदमी हैं, इलाके-भर में नामी हैं। इनके दो लड़के पटना और मुजफ्फरपुर में प्रोफेसरी करते हैं, एक लड़का लहेरियासराय में वकालत करता है...लाज-शरम को धो-धाकर यही पी गए हैं तो क्या हम भी बेहया बन जाएँ ? पंडितजी लालच के मारे उठा लाए हैं इन महाशय को, उनकी बात छोड़िए। बिसेसरी जैसी तो इनकी नतनी-पोती होगी...यह अभी सीधे नहीं मानेंगे तो बाँध-बूँधकर और खटोले पर ढोकर इन्हें कल तक फिर सौराठ पहुँचा दिया जाएगा, इन्हीं के खिलाफ कल नौजवानों का हम एक जुलूस निकालेंगे। समझ क्या रखा है इन्होंने आखिर ? खुद ही बाबू साहेब अपनी बेइज्जती करा रहे हैं ! ठीक है, अकिल

भी सठिया गई होगी !

बच्चन बुत बना खड़ा रहा।

टुनाई का भी वही हाल था।

अंदर भूँकते-भूँकते पंडितजी का गला अब अजीब आवाज निकाल रहा था। उधर बाहरवाली एक कोठरी में घटकराज की नाक बदस्तूर अपनी तरन्नुम में थी।

ढहलेलवा बैठा था, शोरगुल ने उसकी तंद्रा को तोड़ दिया था। अब वह लोगों की ओर मुलुर-मुलुर देख रहा था।

दूल्हे का माथा चक्कर खा रहा था। जिन्हें उसने महज छोकरे समझ रखा था, उन्होंने अब उसकी बोलती बंद कर दी थी। वृद्ध-विवाह के विरोध में इस प्रकार का संगठित मोर्चा ! इस बात की तो बाबू चतुरानन चौधरी ने स्वप्न में भी कल्पना नहीं की थी कभी ! काल बली जो न दिखावे, जो न सुनावे।

उठो, चलें !--बाबू चतुरानन चौधरी ने भांजे से कहा और माथे पर पगड़ी डालकर उठ खड़े हुए। हाथ से नौकर को चलने का इशारा दिया। तख्तपोश से नीचे उतरे, जूते पहनकर अँगनई में आए।

भगिना ने पहला काम यह किया कि तख्तपोश के नीचे से जीन ले जाकर घोड़े की पीठ पर डाल दी। लगाम बाबू साहेब ने घोड़े के मुँह में खुद ही डाला।

सब चुप थे। भीतर खोंखा पंडित भूँक रहे थे। बाहर कभी-कभी वह कुतिया भूँक उठती थी।

उचककर बाबू चतुरा चौधरी घोड़े पर चढ़ गए और वह चल पड़ा। उन्होंने न किसी से कुछ कहा और न बच्चन ने नमस्कार का ही प्रत्युत्तर दिया। हाँ, भगिना से कहते गए--धीरे-धीरे आओ तुम दोनों, तारसराय में मिलेंगे...

भावी दूल्हा के भगिना बाबू और गठरी-मोटरी का भार सँभालकर ढहलेलवा खबास उधर चले तो इधर पेट्रोमैक्स भी अपनी अंतिम साँस ले रहा था।

नौ

थोड़ी रात थी तो एकाएक बादल उमड़ आए और डबल अछार[1] बरखा हुई।

रात की घटना को भूलकर लोग अपने-अपने काम में लग गए थे।

हलवाहे बैलों को आगे किए कंधे पर हल सँभाले अपनी-अपनी दिशा में जा रहे थे। हेहुआ भी उनमें था, वह बूलो का अपना हलवाहा था।

खोंखा पंडित, घटकराज और बच्चन पौ फटने से पहले ही घर से निकल गए थे। हवेली का लच्छन ऐसा लग रहा था कि ऊपर महामारी मँडरा रही हो। उत्साह और जीवन का एक भी निशान बाकी नहीं था। वर्षा की चोटें खाकर भी बीच आँगन का वह कलात्मक अइपन[2] मिट बिलकुल ही नहीं गया था। घर से निकलते समय पंडितजी खीझ के मारे खुद ही उसे एँड़ी से घिसकर मिटा गए थे। अपने हाथों से अंकित किए हुए मांगलिक चित्र का इस प्रकार

1. तोड़, वर्षा की एक मात्रा, 2. आलिंपन, चित्र।

अवसान देखकर पंडिताइन देर तक रोती रही थीं, रोती-रोती बरामदे की भीगी सतह पर ही बेचारी सो गई थीं।

बिसेसरी को बुखार चढ़ आया था, रामेसरी संज्ञा-शून्य होकर बेटी के पायताने औंधे मुँह लेटी हुई थी।

बच्चे रात देर तक सो नहीं सके थे, वे अब तक बेसुध सोए पड़े थे।

बड़ी और छोटी बहुएँ अपनी-अपनी देहरी[1] पर चौकठ[2] में पीठ टिकाए और कमर टेढ़ी किए बैठी थीं, बाईं हथेली पर बायाँ गाल थामे। मझली रसोईवाले घर के ओसारे में झाड़ू दे रही थी। चेहरा उसका भी फीका ही नजर आ रहा था।

टुनाई और छोटा लड़का बुदुर बैठक में अभी तक सो रहे थे। मँझला सबेरे उठकर, दिसा-फराकत से निपटकर मधुबनी की छबज्जी गाड़ी पकड़ने इसटीसन जा चुका था। यों भी वह अपने वकील साहेब से आज हाजिर होने की बात करके आया था। सझला गाछी[3] की ओर इस मतलब से निकल गया कि तीन-चार गाही आम तो जरूर अपना हिस्सा हुआ होगा।

दालान में पेट्रोमैक्स अब तक उसी तरह लटक रहा था। तख्तपोश पर कम्बल, दरी और उलैंच ज्यों के त्यों बिछे पड़े थे। मुखियावाला बड़ा पंखा उस पर उसी भाँति पड़ा था, भीत से टिका हुआ।

माहे पर पंडितजी ने रात जो खड़ाऊँ फेंकी थी, उसे अँगनई से उठाकर और जोड़ी से मिलाकर छकौड़ी ने तख्तपोश के नीचे रख दिया था, वे भी वहीं पड़ी थीं।

चाँदी की खिलबट्टी[4] में सँभालकर रखे हुए पान के आखिरी दो बीड़े यहाँ आने पर चतुरा चौधरी ने मुँह के भीतर डाले थे, ऊपर से किमाम और पतिनजार[5] डाला था। फिर थोड़ी देर बाद गाढ़ी पीक की जो पिचकारी बाबू साहेब ने छोड़ी थी, वह अँगनई की उस ठोस सतह पर अब भी अमिट थी—रात्रिशेष की घनघोर-घटाओं के प्रबल आघात कुछ भी कहाँ बिगाड़ सके थे उसका ?

दिन काफी चढ़ आया तो टुनाई की भी नींद टूटी, उसने बुदुर को झकझोरकर उठा दिया।

---

1. दहलीज, देहली, 2. चौखट, 3. बागीचा, 4. पान के बीड़े रखने की डिबिया, 5. बनारस का मशहूर और महँगा जर्दा।

दोनों मिलकर फर्श, दरी, कम्बल वगैरह समेटने लगे। किसी को तो आखिर समेटना ही था। लगन के दो दिन बाकी थे। इस बार जो नाटक होना था हो चुका था। अब इन दो दिनों में बिसेसरी के लिए दूसरा दूल्हा कहाँ से आएगा ? अगहन में अगर उसके भाग ने अपना जोर दिखाया तो मिल जाय शायद कोई ठौर-ठिकाने का आदमी !...यही सब सोच रहा था टुनाई और बुदुर को भी हिदायत दे रहा था काम की और खुद भी कर रहा था।

...कहाँ मिलते हैं अच्छे लड़के ? लड़की का ब्याह बड़ा मुश्किल काम है ! रामजी के हाथों शिवजी का भारी धनुष तोड़ा जाना उतना कठिन काम न भी हो मगर सीता के लिए अच्छा लड़का मिल जाना अब उतना आसान काम नहीं रहा। रामजी सैर करते हुए मिथिलापुरी में दाखिल हुए, सीताजी के अभिभावकों को लड़का पसंद आ गया। गुरु विश्वामित्र भी चट से राजी हो गए ! धनुष पीछे उठा था न, बातचीत तो पहले ही उठी थी !...दिगंबर और माहे ला देंगे कहीं से कोई दूल्हा हमारी भांजी के लिए ? जिसकी अपनी बहन क्वाँरी बैठी हो, वह दूसरे की लड़की-भांजी की शादी के लिए कहाँ से आदमी गढ़ेगा ?...

टुनाई का ऐसा सोचना गलत थोड़े ही था ?

मल्लिक की बहन शकुंतला सत्रह साल की थी, अब तक उसका ब्याह न हो पाना नौगछिया के सयानों-समझदारों की भलमनसाहत पर एक करारा तमाचा था, जमाना उनकी मूँछों को मानो चैलेंज दे रहा था !

दिगंबर को लेकिन इस फिक्र ने कभी परेशान नहीं किया। बूढ़ी या अधेड़ किसी स्त्री ने साहस करके अगर उससे कभी पूछ ही लिया तो चट से जवाब मिलता—क्या जल्दी पड़ी है अभी चाची ? आदमी का बचपन तो बीस साल की उम्र तक चलता है ! चार दिन और खा लेगी, खेल लेगी। तब तक अपना कुछ सीख-साख भी लेगी ही।

ऐसा जवाब पाकर औरतें दिगंबर का मुँह ताकती रह जातीं। उनकी समझ में आता ही नहीं कि यह कैसा भाई है। सास-ननद और घरवाला खुद जितना सिखाता है, उतना भला और कोई क्या सिखलावेगा ? धाकड़[1] दीखती है शकुंतला, बाँह ऊपर करती है तो

---
1. साँड़, दोगला तगड़ा बैल।

छप्पर छू जाता है और अपने भाई के लेखे अभी छोटी है ? हुँह !

नुक्ताचीनी के इन उड़ते रेशों से दिगंबर कभी नहीं घबड़ाया। बड़ी लगन से वह शकुंतला को पढ़ा रहा था। प्राइवेट तैयारी से मिडिल करवा दी थी। आजकल साहित्य-सम्मेलन की प्रथमा का कोर्स ले दिया था, थोड़ी-बहुत अंग्रेजी भी चल रही थी।

दिगो खुद कहानियाँ लिखता था, अब तक चार-छः से ज्यादा नहीं लिखी होगी। यों अधूरी तो दसियों पड़ी थीं, फुटकल कागजों और स्कूली कापियों के बाकी बचे पन्नों में बिखरी हुई थीं—कुछ एक पेन्सिल की धुँधली-मिटती लिखावटों और कुछ एक नई-पुरानी निबों की पतली-मोटी व हल्की-गाढ़ी नीली-बैंगनी लिखावट में। वे किसी साहित्यकार तक बेशक नहीं पहुँची थीं, लेकिन बूलो और माहेश्वर ने और अपने गँवई स्कूल के उठती मूँछोंवाले दो छोटे मास्टरों ने दिगंबर मल्लिक की एक-एक कहानी ध्यानपूर्वक सुनी थी, अपना-अपना परामर्श भी दिया था। अनेक सुझाव दिगंबर को पसंद आए थे, उन्हें वह अमल में ला चुका था।

दिगंबर का पिता नीलकंठ मल्लिक बिहार बैंक (पटना) में असिस्टेंट एकाउंटेंट था। कुल जमा 210) मिलते थे उसे। '30-'32 के राष्ट्रीय आंदोलन में हाई-स्कूल की मास्टरी छोड़कर और नमक बनाकर नीलकंठ बाबू जेल चले गए, साल-भर की सजा हुई थी। छूटकर आए तो पिता का देहांत हो चुका था—दिगो के दादा मुंशी बिदेश्वर मल्लिक बरह-गोड़िया के खरौड़े-खानदान में अपने अंतिम दिनों तक एकमंट[1] थे। उन्हीं की अरज़ी हुई सम्पदा पर यह मल्लिक परिवार नौगछिया के उन पाँच-सात सुखी परिवारों में से एक था। दो लड़के, दो लड़कियाँ—बस, नीलकंठ की औलाद की सीढ़ियाँ यहीं आके ठमक गई थीं। महिलाओं की मंडली जुटती और संतान का प्रसंग छिड़ता तो ललाइन दच्छिन तरफ हाथ-मुँह उठाके कहा करतीं—दुहाई गंगा मइया की, अपने तो यही चारों जिएँ और अच्छे दिन देखें-दिखलावें ! खाँचा-भर धी-पूत लेके क्या करेंगे ?...बात की यह आखिरी कड़ी पंडिताइन जैसी बरियार[2] कोखवाली सुहासिनों के मरम को आर-पार छेद डालती थी, उनके लिए फिर वहाँ बैठना कठिन हो जाता !

1. अकाउंटेंट, हिसाब रखनेवाला किरानी, 2. अच्छी उपजवाली।

गणित में कमजोर था, नाइन्थ में दो बार फेल हुआ। और तब से दिगंबर घर पर ही रहने लगा। बाप ने भी छोड़ दिया। उनका ध्यान अब छोटे पर पड़ा, क्योंकि वह हिसाब में तेज था और अंग्रेजी में भी—लम्बोदर को नीलकंठ बाबू अब साथ रखने लगे। बाकरगंज (पटना) में सात साल पुराना अपना डेरा था; दोनों बापूत[1] साथ रहते। खाना तिरहुत भोजनालय में।

प्रख्यात कांग्रेसी नेता गुणवंत लाल दास की मेहरबानी से यह नौकरी नीलकंठ बाबू स्वदेशी शासन के पहले दौर ('37-'40) में पा गए थे। थे भी गणित में तेज। स्कूली जीवन में गणित का ही अध्ययन इनके जिम्मे पड़ता था।

उनके अपने ही कहने के मुताबिक दिगंबर की हिसाबी कमजोरी पैतृक नहीं, मातृक थी। उसके नाना यानी नीलकंठ बाबू के ससुर श्री यदुनंदन लाभ मैथिली और पुरानी हिंदी (ब्रजभाषा-अवधी) के सुकवि थे, आप 'ललितकिशोर' उपनाम से अपने इलाके में प्रसिद्ध रहे—उन दिनों बिहार बंगाल के अंदर था, युनिवर्सिटी कलकत्ते में ही थी, लाभजी तीन बार मैट्रिक में फेल हुए...तीन बार गणित में ही गिरे थे। तभी से अपना मन दूसरे विषयों से हटाकर वह कविताएँ लिखने लगे और 'ललितकिशोर' नाम रखा; घर-गिरस्ती का भार आ पड़ा तो भी 'ललितकिशोरजी' की प्रतिभा कुंठित नहीं हुई। सो, दिगंबर ने अपने नाना की विरासत सँभाली थी। पिता को मालूम हो चुका था कि कहानियाँ लिखता है।

ललाइन को इन बातों से कोई मतलब नहीं था। वह थीं तो साक्षर मगर हनुमान चालीसा, नागलीला, दानलीला, घरेलू काज-परोजन के गीत, मुसाइ ठाकुर की नचारियाँ[2]—इनसे अधिक कुछ नहीं बाँचती थीं...जरूरत भी क्या थी !

आज दिगंबर दिन-भर सोता रहा !

सबका यही हाल था—बूलो, उसकी भाभी...डेढ़ पहर दिन उठने पर उठे। खा-पीकर जो सोए सो घड़ी-आध घड़ी दिन बाकी रहा तभी जाके उठे थे। हाँ, भाभी को बच्चे ने उतना नहीं सोने दिया जितना वह चाहती थी।

---

1. बाप और पूत, 2. नचारी, लाचारी, लोकगीत जो शिव को सम्बोधित करके अपनी बेबसी के बारे में होते हैं।

माहेश्वर पर लाठी की चोट पड़ी थी, माँ ने घरेलू उपचार किया था। वह भी दिन-भर आराम करता रहा।

साँझ तक जब खोंखा पंडित और बच्चन नहीं लौटे तो पंडिताइन का जी धक्-धक् करने लगा...

कहीं फिर दूल्हा न आ जाय आज भी !

सौराठ जाकर दूसरा दूल्हा भी तो ला सकते हैं !

बुढ़वा अपना रुपैया वापस ले लेगा।

अभी तो आ सकते हैं, अबेर[1] थोड़े हुआ है ?

तरह-तरह के तर्क-वितर्क पंडिताइन के मन को झकझोर रहे थे। रात को खैर तूफान आ ही गया, आज दिन में भी बेचारी से कुछ खाया नहीं गया। पानी ढकोस-ढकोसकर अपने मुँह का स्वाद फीका कर लिया सो अलग। रात जो खीर पकी थी दूल्हा-दुल्हन के लिए, वह सबेरे बच्चों ने खाई। उमस के कारण भात-दाल खाने के काबिल नहीं रह गए थे, उन्हें फेंक दिया गया। दाल थोड़ी ले गई सुवधा की माँ; भात बिलकुल गल गया क्योंकि शाम को उसे उतरे चौबीस घंटे हो गए थे। बड़ी और पकौड़े दिन में तो कुछ बच्चों ने खाए थे; कुछ सँझला भाई, टुनाई और बुदुर ने। बहुओं ने भी थोड़ा-कुछ खाया ही होगा।

रामेसरी ने तीन बार पानी पिया था, बस। बिसेसरी का बुखार अब उतर चुका था। नानी संझा-बाती[2] के बाद छोकरी का कपार छूकर बोली—जर उतरा नहीं, भितरा गया है। खाने को कुछ नहीं, पीने को औंटा हुआ पानी मिलेगा...

किसने खाना माँगा है ?—बिसेसरी रुआँसी होकर बोली और करवट फेरकर लंबी तन गई। रामेसरी बरामदे में बैठी थी सो उठ आई और बेटी से सटकर बैठी, और हाथ फेरने लगी उसकी पीठ पर।

माँ चली गई तो पूछा—कैसा मन है ?

बिसेसरी कुछ नहीं बोली।

रामेसरी ने अपनी दाहिनी हथेली पहले तो उसके कपार पर रखी, फिर छाती के बीच ले गई। फिर उसकी एक हथेली को अपने कपार से लगाया और बोली—नहीं गे[3], कौन कहता है कि बुखार भितराया हुआ है !

1. बेवक्त, 2. सन्ध्या का दीप, दीया-बाती, शाम के वक्त दीया जलाना, 3. री।

हथेली छोड़ दी उसने।

थोड़ी देर चुप रही, विभोर होकर बेटी के उतरे चेहरे को देखने लगी !

कुछ छन बाद उसकी ठुड्डी छूते हुए पूछ दिया—भूख लगी होगी बेटा !

लड़की ने इनकारी में आहिस्ते से माथा हिला दिया।

—गाय का गरम दूध थोड़ा जरूर पीना पड़ेगा, हाँ !

जवाब में फिर उसी तरह सिर हिला।

—तो मैं भी कुछ नहीं खाऊँगी !

अब लड़की की भौंहें तन गईं, कड़ककर उसने कहा—मैं कोई निरी बच्ची हूँ ? दुधमुँही ? क्या समझती हो मुझे ?

रामेसरी अकबका गई, कौन-सी ऐसी बात उसके मुँह से निकली जिससे बीसो के जी को आघात पहुँचा है ? निगाहों को सामने की सादी भीत पर टिकाकर वह सोचने लगी...

थोड़ी देर बाद रामेसरी ने बेटी के मुँह की तरफ अपनी नजर फेरी तो उसके गालों पर आँसू के टघार[1] ढिबरी की धुँधली रोशनी में भी चमक रहे थे।

वह दंग रह गई, अब भी अपनी भूल उसकी समझ में नहीं आई।

एक अपराधी की कातर दृष्टि से माँ अपनी बेटी की तरफ देखने लगी।

आँचल के पल्ले से स्वयं ही अपनी आँखें पोंछती हुई बिसेसरी बोली—माँ, मुझे किसी काम के लिए मजबूर मत करो !

रामेसरी धीरे से बाहर निकल गई।

---

1. बहुत पतला प्रवाह, पतली धार।

दस

तारसराय स्टेशन के प्लेटफार्म पर कम्बल बिछाकर चतुरा चौधरी लेटा हुआ था, भगिना भी उसी मुद्रा में था। गठरी-मोटरी का बाकी सामान सिरहाने सहेज लिया गया था।

ढहलेलवा को बैठे ही बैठे ऊँघ आ रही थी। वह कुछ हटकर बैठा हुआ था।

पौ फटने को थी। अभी-अभी बादल बरस चुका था, इसी से हवा में कुछ ठंडक थी। पेड़ अपनी-अपनी पत्तियों से अब भी मोटी-मोटी बूँदें टपका रहे थे। सूखी धरती ने दिल खोलकर वर्षा का स्वागत किया था। जहाँ-तहाँ मेढक पुलकित हो-होकर ऋतु की रानी की जयजयकार कर रहे थे। ऊसर खेतों की बलुआही मिट्टी पर से नंगे पैरों चलना बड़ा अच्छा लग रहा था।

खोंखा पंडित आपे में नहीं थे। ऐसा लग रहा था उन्हें कि खोपड़ी के भीतर कोई मानो फरही भून रहा है। रात-भर खीझ और लाचारी के मारे वह कबाब की तरह सिंकते रहे थे।

घटकराज का भी जी बेचैन था। इतने ब्याह आज तक उसने

ठीक किए थे, ऐसी दुर्घटना तो कभी हुई ही नहीं थी ? मुट्ठी-भर छोकड़ों ने सयानों की नाक में कौड़ी बाँध दी। लेकिन गाँव के लोगों ने लापरवाही क्यों दिखलाई ? मुखिया क्यों नहीं आगे आया ?

बच्चन भी बहुत चिंतित था। अब बिसेसरी का क्या होगा ? क्या बुरा था, यह शादी हो जाती तो निश्चिंत हो जाते ! वह पहले ही शंकित था कि गाँव के नौजवान कोई खुरापात[1] न खड़ा करें, सो आखिर वही हुआ...

दूर से ही घटकराज ने आवाज दी—चौधरीजी !

आइए, आइए !—उधर से जवाब आया।

यह स्वयं मालिक का स्वर था।

वह उठकर बैठ गया था। भांजे को उसने पड़े ही छोड़ दिया। क्या आवश्यकता थी आखिर बेचारे को उठाने की ? पास ही लोटा रखा था, पानी से भरा। मालिक ने गर्दन फेरकर वहीं कुल्लियाँ कीं, मुँह-आँख-नाक-कान-कपार पोंछे और छोटका अँगोछा खोजने लगा। नहीं मिला तो नौकर को आवाज दी—गमछा कहाँ रखा रे ?

ङ्!—भगिना नींद-भरे स्वर में ही बोला और पीठ के नीचे हाथ डालकर गमछा निकाला, मामा ने थाम लिया। गमछा से हाथ-मुँह पोंछकर चतुरा चौधरी पल्थी मारके बैठा। तब तक वे भी नजदीक आ गए थे।

कम्बल पूरा बिछा था। अभी बैठने को भी काफी जगह उस पर थी। काली ऊन का आठ हाथ लंबा, चार हाथ चौड़ा नेपाली कम्बल। सभी बैठ गए। बच्चन ने छाता और गठरी एक ओर रख दिए।

बातचीत के सिलसिले को पहले बच्चन ने ही चालू किया !

—इधर तो वर्षा हुई नहीं मानो ! प्लेटफार्म गीला-भर दीखता है !

चौधरी ने कहा—आपके तरफ काफी हुई होगी ?

हाँ, घटकराज ने अपना मुँह खोला—वायुदेवता का खेल है ! एक ग़ाँव में मेघ बरसता है और आधा कोस हटकर दूसरे गाँव में धूल उड़ती है। सब परमात्मा की कृपा है !

परमात्मा का नाम सुनकर पंडित ने जोर की साँस ली।

---

1. खुराफात, उपद्रव।

घटकराज ने बच्चन से पूछा—मधुबनी कै बजे जाती है ट्रेन ?

—छऽ बजने में दस मिनट रहता है तब।

—अभी क्या टैम होगा ?

—ठहरिए, स्टेशन से घड़ी देख आऊँ !

—जाओ !

खोंखा पंडित अपने को महा-अपराधी समझ रहा था। वह किस मुँह से बाबू श्री चतुरानन चौधरी के सामने अब कुछ कहे ? नजर मिलाने तक की हिम्मत नहीं हो रही थी ! अपना बस चलता तो लौटाकर चौधरी को अभी घर ले चलते और आज दुपहर को ब्याह हो जाता...

पाँच बजे हैं अभी,—बच्चन ने वापस आकर कहा—अभी देर है !

यह लोटा लो, तुम तब तक डोल-डाल से हो आओ।—पंडित ने लड़के से कहा तो वह मतलब समझ गया।

लड़के के सामने पराये के आगे झुकना का[1] दु कैसा-कैसा बुझाता था।

लोटा लेकर बच्चन चला गया तो हाथ जोड़कर पंडितजी बोले—बाबूसाहेब, यह जो कुछ हुआ है सो सब मेरे ही पापों का फल समझिए ! अवश्य ही पूर्वजन्म में मैंने कोई भारी प्रत्यवाय[2] किया होगा...

गला रुँध आया खोंखाई झा का, आँसू उमड़ आए ! चौधरी का चेहरा साफ-साफ नहीं दीख रहा था। कपार की नसें उभर आईं।

आहि रे बा[3] ! रोते हैं आप ?—घटकराज ने पंडित का कंधा झकझोरा।

—आपका नहीं पंडितजी, जुग का दोख है यह !—चौधरी बोले—इसमें भला रोने की क्या बात है ?

पंडित ने स्वयं ही धोती के खूँट से अपनी आँखें पोंछी और खखारकर गले को साफ किया, बगल में झुके और बाएँ हाथ की पहली-दूसरी उँगलियों से नाक के पूड़े को दबाकर पानी निचोया। धोती के पल्ले से नाक और उँगलियाँ पोंछ लीं।

घटकराज ने अपनी नस निकाल रखी थी बाईं हथेली पर और

---

1. क्या तो, 2. बहुत बड़ा कुकर्म, 3. हाय रे बाप।

नाक के दोनों पूड़ों में एक-एक बार डाल भी चुके थे शायद। नस-भरी चुटकी को नचाकर वह बोले—समझा चतुरानन बाबू, काम तो यह होकर रहेगा ! स्वयं विधाता भी इस कार्य को रोक नहीं सकते। चार दिन के लिए तिथि समझिए कि आगे को खिसक गई है, बस इतना-भर विधाता अड़ंगा डाल सकते थे सो हो गया; उनकी भी बात रह गई। आप नाहक ही उठ आए, काम तो आज होके रहता यह...

—इसमें भी क्या संदेह की कोई गुंजाइश थी ?—पंडित टनमना[1] कर बोले।

चतुरा चौधरी अब भी गंभीर बना रहा। उसे दिगंबर का तमतमाया चेहरा बार-बार याद आ रहा था। आज क्या, कभी भी यह नौजवान अब अपने गाँव में इस तरह की शादी नहीं होने देगा। हाँ, यह दूसरी बात है कि लड़की दूसरी जगह पहुँच जाय और वहाँ जैसे-तैसे उसकी सेंथ में सेंदुर डाल दूँ...लेकिन ये छोकड़े लड़की पर निगरानी नहीं रखेंगे क्या ?

चौधरी को चुप पाकर पंडित बोले—हमने सोच लिया है। बच्चन समस्तीपुर के मारवाड़ी हाईस्कूल में संस्कृत पढ़ाते हैं। अब कुछ महीनों के लिए परिवार को भी साथ रखेंगे। विश्वेश्वरी भी साथ रहेगी। अगहन में वहीं यह कार्य सम्पन्न होगा...

फिर घटकराज की ओर मुँह करके कहा—ठीक है न मटुकी बाबू ?

सोलहो आना दुरुस्त !—घटकराज ने समर्थन किया।

थोड़ी देर चुप रहकर चतुरानन चौधरी ने कहा—पहले गाँव के लड़कों को तो समझा लीजिए !

खीज-भरी आवाज में पंडित बोला—सब अवारा हैं बाबू साहेब ! और दिगंबर ? उसे तो गाँव से निकाल बाहर न करूँ तो आप मेरे नाम पर काला कुत्ता पोस लीजिएगा !

नस की डबल चुटकी नाक के दोनों पूड़ों में ठूँसकर घटकराज ने खोंखा पंडित की ओर अपनी गर्दन लंबी की—बाप क्या करता है इसका ?

—पटने में नौकरी करता है।

---

1. फुर्तीला होकर।

—कितना पाता है ?

—अढ़ाई सौ।

—यह छोकड़ा घर बैठे-बैठे यही सब करता रहता है ?

—घर का काम देखता है, बाप ने छुट्टा छोड़ रखा है।

इस पर चतुरा चौधरी मूँछों पर हाथ फेरने लगा। उसे अपने गाँव के दो नौजवान याद आए जो डकैती के झूठे मामले में छः महीने की कड़ी सजा पाकर आजकल जेल की हवा खा रहे थे। यह दिगंबर वगैरह कहीं उसके गाँव में होते तो इन्हें भी वह आसानी से किसी केस में फँसा सकता था। छिः, नौगछिया भी यह कोई बस्ती थी ! हिजड़ों का रैनबसेरा !! एक भी चेहरे पर पानी नहीं, किसी की आवाज में कड़क नहीं !

दूसरा विकल्प यह भी उठा कि बैदनाथ धाम या काशी में क्यों न किया जाय ब्याह का प्रबन्ध। तीर्थ के बहाने लड़की, उसकी माँ और नानी वगैरह का वहाँ पहुँचना कठिन नहीं होगा। चौधरी के लिए भी सुभीता रहेगा। इस दृष्टि से समस्तीपुर कहीं ज्यादा असुविधाजनक स्थान है...

बच्चन दिशा-फराकत से लौटे तो उन्होंने भी इसी विचार को पसंद किया। इस तरह के काम घर से जितनी अधिक दूर किए जायँ, उतना अच्छा।

घंटी बजी तो सबको समय का ज्ञान हुआ। दरभंगा से ट्रेन छूट चुकी थी। लेकिन चौधरी ने कहा—हम सौराठ जाकर अब क्या करेंगे, सीतामढ़ी न लौटना है हमें ? मैं तो खैर घोड़े पर जाऊँगा। ये दोनों ट्रेन से दरभंगा और वहाँ से सीतामढ़ी आ जाएँगे।

घटकराज को तो मधुबनी की ट्रेन पकड़नी ही थी। सौराठ का दंगल अभी दो रोज और था, तब यह कैसे होता कि घटकराज कहीं दूसरी जगह जाते ?

पंडित का मँझला लड़का तब तक दिखाई पड़ा। उसे भी तो इस ट्रेन से जाना था।

घटकराज का भी टिकट वही कटा लाया।

बच्चन को लौटकर घर आना था, लेकिन वह भी चौधरी के भगिन्ना बाबू के साथ दरभंगा तक जाने की बात करने लगा।

खोंखा पंडित और घटकराज चौधरी को तनिक अलग ले गए

और कहा–बाबू साहेब, यह भवितव्य[1] था। हमारी आत्मा तो तब तक शांति नहीं प्राप्त करेगी जब तक यह कार्य संपन्न नहीं हो जाएगा। अगहन में यह होके रहेगा।

चौधरी ऊपर-ऊपर मुस्कुराया। सूखी-फीकी मुस्कान।

ट्रेन आई, सौराठ जानेवाले मुसाफिर डिब्बों में तो ठुँसे थे ही; पावदान पर खड़े–बाहरी हैंडल पकड़े भी सैकड़ों लोग थे। सौ-पचास तो छत पर भी बैठे थे, गठरी-मोटरी समेत।

घटकराज को पावदान पर एक पैर टिकाने-भर की जगह मिली, सो भी लड़-झगड़कर ! पंडित का मँझला बेटा कछौटा बाँधकर छत पर चढ़ गया, वह वहीं बैठा।

इतने में पूरब (सकरी) से भी ट्रेन आती दिखाई पड़ी। पंडित ने कहा– बच्चन, एक टिकट मेरा भी ले लेना हड़ाही[2] का।

बाबू साहेब खुद घोड़ा कस रहे थे।

पूरब की ट्रेन आई तो उसमें उतनी ठसमठस नहीं थी। चौधरी का भांजा, ढहलेलवा, पंडित और बच्चन–चारों अच्छी तरह जगह पा गए।

ट्रेनें चली गईं तो चतुरानन चौधरी ने भी घोड़े को पच्छिम-उत्तर की ओर मोड़ा। एँड़ का इशारा पाते ही वह हवा हो गया।

दिन आधा पहर चढ़ गया था। आसमान साफ था, धूप अपना सुनहलापन झाड़कर तेजी को पकड़ने लगी थी।

---

1. होनहार, 2. दरभंगा जंक्शन का देहाती नाम।

ग्यारह

लगन के दिन जैसे आए, वैसे ही चले गए।

नौगछिया के दो लड़कों की शादी हुई थी ! लड़की का ब्याह एक पहले ही हो चुका था, घर-कथा[1] से ही।

सहुआइन ने पिछले साल अपनी संचित निधि में से 2500) की रकम लगवाकर कट्ठा-भर जमीन में छोटा-सा चभच्चा खुदवाया था, सो अभी तक क्वाँरा ही था। जेठ की पुरनिमा के दिन बेद और कर्मकांड जाननेवाले दो पंडितों को बुलवाकर विधिपूर्वक बुढ़िया ने जग्ग करवाया, साथ ही फल-फरहरी का ब्रह्मभोज भी हुआ। पड़ोस के मशहूर बढ़ई छेदी ठाकुर का तैयार किया हुआ जाठ खड़ा किया गया, चभच्चा के बीचोबीच। जाठ के सिरे पर लोहे का मामूली मोर क्या ही अच्छा लग रहा था, नीला रंग लोहिया कालेपन को लील गया था और मोर की खूबसूरती कई गुनी बढ़ गई थी। भिंडे पर, अलग लकड़ी का छोटा थम्भ गाड़ा गया था जिस पर जलाशय की

1. आपस की जान-पहचान के जरिए ही ब्याह की जो बात पक्की हो जाती है, इसमें पेशेवर घटक (दलाल) की जरूरत नहीं पड़ती, न सौराठ जाना पड़ता है।

मलिकाइन का नाम और यज्ञ की तिथि वगैरह मोटे-सीधे ढंग से खोदे हुए थे। थम्भ का सिर दाढ़ीवाले चउमुँहा ब्रह्मा की तरह था। सहुआइन ने समूचे गाँव के ब्राह्मणों को भर-भर अँजुरी गोटा[1] सुपारी दी थी; पान-वान तो खैर तेलिन के यहाँ लेता ही कौन ?...सभी की जुबान पर सहुआइन चढ़ी रही चार-छै दिनों तक। चार-चार, छै-छै गोटा-सुपारी किसको नहीं मिला था ? जर-जवार के बिरादरी के अपने भाई लोगों का भारी भोज हुआ—दाल, भात, चार तरकारियाँ, बड़ियाँ, बड़े, आम और आँवले का अचार, दही, चीनी, पके हुए शरही और कलमी आम...थई-थई मच गई; लोग धन्न-धन्न कर उठे।

जहाँ देखो, सहुआइन की चर्चा !

—बड़ी भगतिन है।

—जनकपुर[2] और सिमरिआ[3] तो किसी साल नहीं छूटता।

—पिछले ही बरख बदरीनराएन हो आई है बुढ़िया ! गोड़ में घाव लेकर लौटी थी।

—अपने तो धरमतमा है; बेटा मुला[4] बड़ा परपंची है कि नाही बहिना ?

—सो तो हइए है, गे !

—पहिली उमिर में देवर को रखे थी।

—अपना आदमी बड़ा सीधा था, बिलकुल गऊ !

—लड़के तीनों अच्छा कमाते हैं।

—कमाएँगे नहीं ? मुखिया का अउर इन तीनों का पेट एक ही है... मटिया तेल, चीनी, कपड़ा...सभी कुछ तो भकोसते हैं !!

—पुतोहू बुढ़िया का मान-दान करती है ?

—छोटकिन मी[5] सिरिफ !

—गे मइयो !!

फतूरी जाकर सहुआइन को कभी-कभी नचारी सुना आते, बदले में वह लड़कों की नजर बचाकर सरइसा[6] की नामी तमाकू के दो बढ़िया पत्ते थमा देती; वह सँभालकर फिर ले आया करते।

1. साबुत और समूचा सुपारी, सुपारी की गिरी, 2. सीता की जन्मभूमि, 3. सिमरिया घाट (गंगा), 4. मुदा, लेकिन, 5. छोटी, लहुरी, 6. दलसिंग सराय और साहपूर-पटोरीवाले इलाके, जो लाल मिर्च और तंबाकू की अपनी फसलों के लिए दूर-दूर तक मशहूर हैं।

सहुआइन के इस शुभ कार्य पर अपने विचार व्यक्त करने के अनेक अवसरों का उपयोग वह कर चुके थे, तथापि मुखियाजी के दालान पर अगली ही दुपहरिया को उन्हें पंचमुख होना पड़ा।

प्रसंग में ताप की मात्रा पराकाष्ठा पर तब पहुँची जबकि भीम ने कहा—सुपारी तनी दब[1] थीं, मधुबनी के सेठ सागरमल के गोदाम में जैसी बढ़िया सुपारी मिलती है वैसी भला और कहाँ मिलेगी ? तिरपितवा महाकंजूस है...

तिरपित सहुआइन का बड़ा लड़का था, घर का मालिक।

मुखियाजी बोले—हाँ हो ! सहुआइन का भी इसमें इशारा रहा होगा ! बाभनों को देना था न ?

फतूरी काका इस पर बमक उठे—जमाना कैसा है सो नहीं देखते हो बाबू ? अगले ही बरख तो लड़कों का जनेउआ करोगे, देखूँगा, कैसी सुपारी आती है तुम्हारे यहाँ और कै-कै ठो देते हो लोगों को ! हाँ ! बीस-पचीस साल हुए, बिदेसर मल्लिक ने अपनी माँ के श्राद्ध में भर-भर पन-बट्टा गोटा सुपारी सबको दिया था। गिरी ऐसी दमदार थी कि पाव-भर तौलते तो छः से जास्ती सुपारी नहीं चढ़ा पाते तराजू पर ! उसके बाद अब सहुआइन का ही यह साहस है कि सुपारी के इतने अच्छे दाने भर-भर अँजुरी मिले हैं। ये भी भेंड़-बकरी के नेड़ी[2] जैसे थे क्या ? तौलकर देख लो, आठ-दस चढ़ाओगे तो पउआ ऊपर जाएगा सीधे, हाँ !...

फतूरी कुछ और बोलते अभी मगर मुखिया ने बीच में ही उन्हें शांत करने की चेष्टा की। उसने अनुनय के स्वर में कहा—नहीं फतूरी काका, सुपारी बड़ी ही अच्छी थीं। बड़ी बाजार (दरभंगा) में सबसे अच्छी दुकान है बाबूराम ढनढनिया की। तिरपितवा वहीं से सुपारी लाया था। अपनी दुकानदारी के लिए तो वह जहाँ-तहाँ से लाया करता है, मुदा यह तो धरम-पुन्न का काम था न...?

फतूरी की भौंहें ढीली पड़ चुकी थीं, भीमनाथ को हिकारत की निगाहों से देखते हुए उतरते सुर में वह बोले—और बेचारी सहुआइन का क्या कसूर था इसमें ? वह खुद तो सौदा करने गई नहीं ! ऐं !

होंठों के छोर कोंचिया[3] लिए और दाँतों को ड्योढ़ा-सवाया करके नपुंसक टोन में भीम बुदबुदाया—सो कहाँ, फतूरी काका ! सो

1. घटिया, 2. लेंड़ी, लेड़ी, 3. कुंचित कर लिए।

कहाँ कहता हूँ मैं—ईं ईं ईं, ओं ओं ओं...मैं तो, मैं तो ऽ ऽ ऽ...

—जाओ भीम, तुम भी बोका ही रह गए !

फतूरी को अब जाके हँसी आई और मुखिया भी उधार की मुस्कान ले आया कहीं से।

तिरपित साहु अपर प्राइमरी पास करके पढ़ना छोड़ बैठा था। बाप की अकाल मृत्यु ने कच्ची उमर में ही डंडी-तराजू पकड़ने को मजबूर कर दिया। दोनों भाई अभी बहुत छोटे थे। वह तो माँ थी कि दुकानदारी की लढ़िया चल निकली—दोनों माई-पूत सेर-बटखरे पर हावी रहते।

सहुआइन बड़ी लछमिनिया थी। जब से विधवा हुई तब से तो उसके भाग मानो खुल खेलने लगे। तिरपित का बाप सुचित छुटपन ही से पदरोगी[1] था, मिजाज का चिड़चिड़ा और अपने को सबसे बढ़कर बुधियार[2] समझनेवाला। जीते जी सुचिता ने अपनी घरवाली की एक नहीं चलने दी थी।

सुचिता मर गया तो सहुआइन रोई तो काफी मगर भीतर-भीतर उसे उतना अपसोच (अफसोस) नहीं हुआ—सोना और रूपा की काठी के जैसे तीन-तीन पूत थे, चार बीघा उपजाऊ जमीन थी, मजबूत कोल्हू और मुठिया सींगवाले दो नाटे सिलेबिया बैल थे, भीतवाले दो मकान थे और दुकानवाली बैठक थी। बाँहों और जाँघों का अपना भी पौरुख था। क्या नहीं था, सबकुछ था !

राम जाने, देवर से सहुआइन का क्या संबंध था !

अमरितवा उसके घरवाले का सगा भाई हो सो बात नहीं, मगर दोनों में बड़ा ही नेह-छोह रहा। वह सुचित साहु का दूर का चचेरा होता था। पड़ोस के एक गाँव से जब-तब आकर चलते कोल्हू के पट्टे पर इस भाभी के पास वह बैठ जाया करता...

सहुआइन भउहें चढ़ाकर पूछती—कौन-सा पचमेर[3] धरा है वहाँ रजउली में जो कूकुर की तरह बार-बार दौड़े जाते हो ?

अमरितवा गर्दन झुकाकर चक्कर खाती हुई धरती पर अपनी निगाहों को जमाने की विफल कोशिश करता।

सहुआइन बीच-बीच में पट्टर बँधी आँखोंवाले बैल को

1. छोटी-छोटी बीमारी का हमेशा शिकार, 2. होशियार, 3. पंचमेल मिठाई (पाँच मिठाइयों—बालूसाही, इमरती, लड्डू, बर्फी और गुलाब जामुन का मेल)।

टिटकारती जाती, वह नाटा-सँवलिया बैल अपनी द्रुत-विलंबित गति से अविराम चलता होता।

—अच्छा, बाबू, तुम तनी सँभालो कोल्हू, मैं कुछ ले आऊँ पानी-वानी...

—नहीं भाभी, रहने दो। खाके तो आ रहा हूँ !

—फिर झूठ ! फिर !

हल्की-मीठी एक-एक चपत देवर के दोनों गालों पर पड़ जाती, सिनेह और ममता का भूखा बाईस-चौबीस साल का अमरित इस पर भाभी के सामने अपने को बिछा देता...कोल्हू चलने की आवाज़—ढें ें ें ें ें ें च्वों ों ों ों ों चीं ीं ीं ीं ीं...और भाभी की प्यार-भरी दुत्कार और दुधमुँहे भतीजे की किलकारियाँ...

अमरितवा चलते कोल्हू के खिसकते पटरे पर आँखें मूँदकर निश्चेष्ट बैठा रहता। बैल अपनी मद्धिम चाल पर पहुँचकर मशीन की तरह एकरस अविराम घूमता होता उसी चक्करदार परिधि में...

टाड़ा[1] कब का भर चुका है, उसकी गोल-मटोल ग्रीवा को नहलाता हुआ तेल अब धरती को स्निग्ध बना रहा है...

—मइया री मइया !

सहुआइन की चीत्कार अमरित को सतर्क कर देती। अपनी भूल समझकर वह सन्न रह जाता। भाभी दौड़कर कोल्हू के नजदीक पहुँचती, उकड़ूँ झुक जाती, भरा टाड़ा हटाकर अलग रख लेती और खाली टाड़ा कोल्हू की ठोरी से लगा देती। इतने में बैलवाले जुए का लंबा डंडा ऊपर से गुजरकर आगे बढ़ चुका होता और सहुआइन चक्करदार घेरे से बाहर निकल आती।

मुस्कुराती हुई कहती—इसी से तो सतमाय[2] तुम पर बिगड़ी रहती है ! जाओ, इतना तेल हमारा धरती को चटा दिया तुमने !

फिर एक-एक वही चपत।

—भाभी, एक-एक चपत और !

सहुआइन को बरबस हँसी आ जाती। वह इस दुलरुआ देवर के अनुरोध को बेकार थोड़े जाने देगी !

—लो !

1. तेल रखने का बर्तन (मिट्टी का), 2. सौतेली माँ।

एक-एक और मीठी चपत !

—अब तो हुआ ?

—ऊँ !

—जाओ, मछरी का तनिक भुर्ता और मुट्ठी-भर भात छिपिया[1] में निकाल आई हूँ, पानी भी लोटा में करके रख दिया है।

और, अमरित साहु जाकर भाभी का पर्साद पा आते !

पीछे यही अमरितवा अपनी सौतेली माँ का साथ छोड़कर नौगछिया ही रहने लग गया। सुचित उससे कसके काम लेता, परंतु भाभी की ममता ऐसी थी कि दो दिन के लिए भी कहीं दूसरी जगह जाना उसे बुरी तरह अखरता।

तिरपित, मीतन और जुग्गी—तीनों लड़के सहुआइन के अमरित साहु की ही गोद गरमा-गरमाकर उभरे थे। घरों के दो ठाठ[2] उसकी कारीगरी के सबूत थे। सुचित मरा, पीछे साल-भर से अधिक अमरित सहुआइन के यहाँ नहीं रहा। हमेशा के लिए कहीं चला गया था।

खोंखा पंडित के लिए धोतियों का बढ़िया जोड़ा पीले रंग में रँगाकर सहुआइन ने जाने कब से सँजो रखा था। पंडित होते तो पहनकर बाहर के दोनों पंडितों के आमने-सामने बैठते और सहुआइन के इस शुभ कार्य की देख-रेख करते...माहे और दिगंबर ने ऐसा खुरापात मचा दिया कि बेचारे गाँव छोड़कर चले गए थे।

जप-जग्ग, धरम-करम, पूजा-पाठ, भोज-भात...इन सब कामों से सहुआइन जब निबट चुकी तो एक रोज तिपहरिया वह पंडिताइन के पास पहुँची। बाँस की रँगी खपच्चियों की डलिया में सेर-आधेक सुपारी और धोतियों का पीला जोड़ा लेती आई थी।

डलिया को सरकाकर पंडिताइन के पैरों के करीब पहुँचा दिया और भूमि को छूकर मिट्टी माथे से लगाती हुई बोली—असिरबाद दो बुच्ची की अम्मा, यह चभच्चा जुग-जुग कायम रहे ! पानी कभी न तो घटे और न खराब हो ! हाय, सालों-भर पंडितजी गाँव रहे और अब मेरे ही किसी पाप से यह सब खुरपात उठ खड़ा हुआ ! पंडितजी बाहर चले गए !! बड़ी लिलसा[3] से यह धोती मँगवाई थी, अपने हाथों से रँगकर—छाँह में सुखाकर और चुनियाकर रखी थी कि पहनकर पंडितजी उस रोज चभच्चे का जग्ग करावेंगे सो दैव को

---

1. छोटी थाली, रिकाबी, 2. ठट्ठर, छप्पर का ढाँचा, 3. लालसा, चाह।

मंजूर नहीं था...बुच्ची की अम्मा, मैं उन्हें भला कुछ देने लायक हूँ ? तुम्हीं बताओ ?

—भगवान ने तुम्हारा काम पारघाट लगा दिया, वह गाँव से बाहर हैं इसमें तुम्हारा क्या दोख ? बिसेसरी का कपार फूट गया नहीं तो वह कहीं क्यों गए होते !

पंडिताइन का स्वर दर्द में डूबा हुआ था। चार-पाँच दिन बीत जाने पर भी लगता था कि बेचारी का कलेजा अब भी उबल रहा है। आँख के संकेत से उसने मँझली बहू को बताया कि डलिया उठा ले जाय अंदर और अपने को जरा सँभालकर बोली—मेरे परदादे ने तालाब खुदवाया था और दादा ने उसका जग्ग किया। उसके बाद, सहुआइन, तुम्हें ही देख रही हूँ यह सब करते ! तुमने अपना इहलोक-परलोक दोनों बना लिया ! हम क्या तुम्हें असिरबाद देंगे ! हमारा तो अपना ही करम फूट गया है...

सहुआइन समझ गई कि पंडिताइन का जी अभी तक बेकाबू है।

थोड़ी देर वह बैठी रही, बहुओं से इधर-उधर की बातें करती रही। फिर उठकर वापस चली आई।

बारह

बर्खा समय-समय और हिसाब से होती आई थी। अबकी खेती के रंग-ढंग अच्छे थे।

आधा सावन बीतते न बीतते लोग अपने-अपने खेत आबाद कर चुके थे। धान के हरे-हरे पौधों से एक-एक मैदान, एक-एक पाँतर हरियाली का समुद्र हो रहा था। बयार सिहकती तो इस समुद्र की हरित-नील-लोल लहरियाँ सातों सागर की तरंगित सुषमा को मात कर जातीं; खेतिहरों के मन-प्राण धान के लहराते पौधे देख-देख लहराया करते और भविष्य की सुनहली जालियाँ बुनने में उनकी आत्मा विभोर हो जाती। जनपद की शस्यश्यामला प्रकृति-सुंदरी अपनी ओर देखते रहनेवालों की बाहरी और भीतरी जलन छन-भर के लिए अवश्य ही मिटा डालती...

तीज का त्यौहार आया और पंडिताइन को रुलाकर चला गया। बिसेसरी की शादी हुई होती तो घर-आँगन गीत और उछाह में आज फिर गनगना उठता—मुदा विधाता ने ही जब इस छोकरी का कपार जला रखा है तो फिर नानी-नाना, मामी-मामा आखिर क्या करेंगे!

अपने दुखी मन को बहलाने के लिए बिसेसरी ने घर के पिछवाड़े की तरफ वाली खाली जमीन को खुरपी से खोद-खोदकर तैयार किया। उसमें लंकेस, तारा, मधुरी और गेंदा के पौधे लगाए।

रामेसरी ने बाड़ी में तरकारियों के पौधे लगा रखे थे—भिंडी, तरोई, बैंगन, नेनुआ। अरुई और सूरन आप ही आप उग आए थे। दो पुश्त से इनकी खेती थोड़ी-कुछ पंडित की बाड़ी में होती आई थी। सो, बीज न डालने पर भी बरसात के आरंभ में सूरन और अरुई की पेंपी यों ही निकल आती।

तगर, कुमुदनी (छोटा कचनार), थलकमल, इंद्रकमल, अड़हुल, कनेर, करबीर आदि कुछ झाड़ तो पंडित के दालान के आगे ही थे और कुछ बाड़ीवाली बगिया के अंदर।

खोंखा पंडित का खानदान धर्मभीरु और पूजा-पाठ परायण विद्वान ब्राह्मणों का खानदान था। यह कुल कभी तो शक्ति का उपासक रहा होगा, अब लेकिन पंचदेवता[1] का उपासक था। कुलदेवता इन लोगों की भगवती उग्रतारा थी। इसलिए रंग-बिरंगे फूलों की आवश्यकता पड़ती ही रहती। किसी ऋतु में फूलों की कमी न पड़ जाय, इस दृष्टि से भी फूलों के अधिक से अधिक झाड़ लगाए जाते रहे होंगे।

मन्दार पहाड़ से पंडितजी का पत्र आया था, वहाँ वह नवाह[2] भागवत पर बैठ गए थे। भादों में गोड्डा के आसपास किसी गाँव में भागवत का एक पारायण और होनेवाला था। आसिन की दुर्गा-पूजा के दिनों में भागलपुर का कोई लखपति मारवाड़ी सप्तशती चंडी का सम्पुट पाठ करावेगा, कातिक में डुमरिया की रानी साहेबा कातिक महात्म सुनेंगी...टेढ़े-मेढ़े अक्षरों में खोंखा पंडित ने यही सब लिखा था।

चिट्ठी बँचवाके आदि से अंत तक सुना तो पंडिताइन को बड़ा ही परितोख[3] हुआ। वह भरके बोली—अब बूढ़ा अगहन तक आवें तो आवें। इस बार गिरस्ती का सारा भार बच्चों के कंधे पर पड़ा। और तो कुछ नहीं, टुनाई की पढ़ाई में थोड़ी-बहुत बाधा होगी।

होगी ! हो रही है कि ?—रामेसरी ने कहा तो माँ ने साँस खींची।

---

1. सूर्य, गणेश, दुर्गा, विष्णु और शिव, 2. नौ दिनों तक चलनेवाला, 3. परितोष, सन्तोष, तसल्ली।

ओसारे पर बैठकर टुनाई भुना हुआ चिउड़ा तली हुई टेंगरा मछली के सहारे फाँक रहा था ! आधा भरे मुँह से गलगलाती आवाज में बोला—इस बार मैं पास नहीं करूँगा !

—अशुभ बातें क्यों निकलती हैं तेरे मुँह से ?

पंडिताइन ने बेटे को फटकारा।

—तो होंठों को सिलाकर गूँगा बन जाऊँ ?

तीखे स्वर में पंडिताइन ने फिर डाँट बताई—फिर अलच्छ[1] बात ! क्या हो गया है तुझे आज ?

उड़द का बेसन लगाकर अरुई के पत्तों को लपेट रही थी रामेसरी, काट-काटकर चक्का बनाना था और धूप में उन्हें तनिक सुखा भी लेना था। माँ की फर्माइश थी, आज रात की रसोई में इसी का तीमन बनेगा। सो वह पत्तों की डंठल काटती हुई बोली—होगा क्या, गौरी तो कुछ करते-धरते नहीं, सारा काम टुनाई को करना पड़ता है।

गिरिजानंदन, दुर्गानंदन, श्रीनंदन और यदुनंदन...सँझला था गौरी। श्रीनंदन था टुनाई का नाम और बुदुर का यदुनंदन। बच्चन (गिरिजा) समस्तीपुर हाई-स्कूल में संस्कृत पढ़ाते थे। दुर्गानंदन मधुबनी अदालत में किसी वकील का मोहर्रिर था। गौरी मैट्रिक तक पढ़ा हुआ और अब होमियोपैथी के माथे पर अपना हाथ रखने जा रहा था। टुनाई टेन्थ में और बुदुर मध्यमा के द्वितीय वर्ष में था।

बनिहार खोजना, बैलों को खिलाना-पिलाना, खेत में काम की निगरानी, काम पर कलेवा पहुँचाना, सुबह-शाम खेती को देख आना—किसी काम में गौरी हाथ नहीं बँटाता था। उस पर डाक्टर बनने की धुन सवार थी। ससुराल से हिंदी मैटेरिया मेडिका उठा लाया था। दवाओं का एक छोटा-सा बक्सा कहीं से हाथ लग गया। अब क्या था ? छाती और पीठ की धड़कन बतानेवाली छुच्छी[2]-भर चाहिए थी, बस ! मनीआर्डर से फीस भेजकर घर बैठे डिप्लोमा मिल ही जाएगा। प्रैक्टिस अपने हाथ की बात थी। बैद बनना कोई कठिन नहीं, लेकिन चूरन और बड़िया तैयार करना भारी झंझट का काम मालूम पड़ा। हटाओ बखेड़ा, होमियोपैथी ठहरी चिकित्सा की रानी...गौरी इसी को सिद्ध करने में लग गया। नतीजा वही हुआ कि

1. अशुभ, अलक्षण, 2. स्टेथस्कोप।

खेती-बाड़ी का सारा भार बेचारे टुनाई के कंधों पर आ पड़ा। और वर्ष इन दिनों पंडित खुद मौजूद रहते तो लड़कों पर यह बोझ नहीं पड़ता था।

पंडिताइन बिजनी[1] में किनारी लगा रही थीं। सुईवाला हाथ उठाकर बोलीं—कल से टुनाई अपना पढ़ें-लिखें मन लगाकर, देखती हूँ कैसे नहीं गौरी घर का काम करते हैं।

अपने पति के बारे में यह ऐलान सुनकर छोटी बहू का मन छोटा हो गया। और तो कुछ वह कर नहीं सकी, खाने के लिए मचलनेवाले ढाई साल के बच्चे को रोष-भरी भंगी में ठुनका दिया और बोली—खा मेरा कप्पार!

बच्चा रो पड़ा।

उधर से सास बोली—मउगी[2] का मिजाज सनक गया है! उठकर लड़के को खाने को देती कुछ सो तो हुआ नहीं, ठुड्डी में जोर का एक ठुनका[3] दे दिया!

टुनाई नाश्ता कर चुका था। बाहर निकल आया। बुदुर पहले ही निकल चुका था।

गाँव के बाहर मैदान में लड़के गेंद खेल रहे थे। जो गेंद खेलने में भाग नहीं ले पा रहे थे, उनकी कबड्डी चल रही थी। तमाशबीन उतने नहीं थे जितने खेलनेवाले।

टुनाई को आते देखकर माहे खेल से हट आया। नजदीक आकर बोला—आज कई दिनों से मैं तुम्हें खोज रहा था। बड़ा जरूरी काम है। जल्दी में तो नहीं हो?

ऐसा कौन जरूरी काम आ पड़ा है?—टुनाई के दिमाग का कलपुर्जा गार्ड की सीटी के बाद इंजन की तरह छुस-छुस कर उठा। दो महीने हुए, वे आपस में बोले नहीं थे। भेंट हुई हो और जान-बूझकर न बोले हों या एक-दूसरे से मुँह फेर लिया हो, बात ऐसी नहीं थी। खेती-गिरस्ती के दिन थे। माहे भी अपने कामों में पिचास[4] की तरह पिला पड़ा था। वह सिर्फ मैदानी खेतिहर नहीं था। अपनी किसानी से भी गाँव के लिए उसने नया आदर्श कायम किया था, नई परंपरा स्थापित की थी। धरती को माहेश्वर ने तन और मन की समूची क्षमता लगाकर पकड़ रखा था। चार कट्ठा

1. पंखी, 2. औरत, 3. पहली-दूसरी उँगलियों के सहारे हल्का घूँसा, 4. पिशाच, भूत।

भीठा[1] खेत थे उसके पास, ग्वालों की टोली के नजदीक। तीन वर्षों से जमीन के उन तीन टुकड़ों पर माहे ने मानो पसीना बहाया होगा, उपज भी खूब हो रही थी—आलू और तम्बाकू। उन फसलों से दो-ढाई सौ की सालाना आमदनी थी। यह रकम घर के फुटकल खर्च के लिए काफी होती। घर के पिछवाड़े जो बाड़ी थी उसमें तो चार-चार, पाँच-पाँच फसलें उगाता था। उसकी रसोई में दाल का खर्च नहीं, नित्तह[2] साग-सब्जी—नित्तह तीमन-तरकारी। झिङ्नी (तरोई), रम-झिङ्नी (भिंडी), भाँटा (बैंगन), मूर (मूली), कोबी (गोभी), करेला, अरुई, ओल (सूरन), आलू, हरी मिर्च...क्या खरीदना पड़ता था उसकी माँ को ? एक्को चीज नहीं ! चार-छै थम केला के लगा रहे थे सो उनका भी वंश-विस्तार होता ही आया था। धान के अपने खेत दो ही बीघा थे माहे के पास—चालीस मन से कम तो कभी नहीं उपजाया उसने, कभी साठ और कभी पचास मन...प्रसंग छिड़ने पर दर्द-भरी आवाज में वह कह उठता—सिंचाई और निकासी का इंतजाम यदि कांग्रेसी सरकार कर दे तो इन्हीं चार कट्ठा खेतों में 125 मन धान उपजाकर दिखला दूँ मैं !...काम लेते समय मजदूरों को अच्छा कलेवा देता था। मजदूरी में उसके यहाँ से कभी घटिया किस्म के दाने नहीं दिए गए। एक बैल और एक गाय रखे हुए था, वे अपनी तन्दुरुस्ती के लिए नौगछिया की समूची बस्ती के मवेशीवालों के लिए नमूना थे। हलवाहा, हल और बैल एक दूसरे किसान के साथ भाँज[3] में चलता था।

सो, टुनाई ने सोचा—ऐसी क्या जरूरत आ पड़ी है कि माहे खेल छोड़कर उससे बातें करने आया है ?

टुनाई ने कहा—जल्दी में होता तो इधर क्या करने आता ?

माहेश्वर के होंठों पर मुस्कान उभर आई, दाँतों की अगली कोर दिखाई दे गई।

टुनाई का बदन खाली था। माहे की देह पर अधबहियाँ बनियाइन थी। दो-एक दिन पहले ही बदली हुई पीली जनेऊ गले से लिपटी हुई थी। कपार पर बाईं ओर घोड़े के खुर का वही सनातन निशान था, बचपन की किसी दुर्घटना का स्मारक।

टुनाई के कंधे पर माहे ने अपना दाहिना हाथ डाल दिया और

1. ऊँचा और भुसभुसा, 2. नित दिन, हर रोज, 3. बारी, सहभाग।

ले चला उसे मैदान के छोर की तरफ।

आगे दूब पर बैठ गए दोनों।

एक दूब नोंचकर माहे ने उसकी दो पोर खोंट ली नाखूनों से, उसे उसने मुँह में डाल लिया। चबाता हुआ बोला—बिसेसरी के बारे में क्या सोच रहे हो तुम लोग ?

—क्या सोचेंगे ! सोचने और होने में भारी अंतर है माहे, कि नहीं ?

—सो तो हइए है !

—तो फिर ?

—आखिर इस झंझट से छुटकारा पाने का कोई रास्ता तो निकलना ही चाहिए, कि नहीं ?

—नहीं कौन कहेगा इसमें ?

—तब ?

टुनाई चुप हो रहा था। वह क्या जवाब दे माहे को ? परिवार की गतिविधि नियमित करने में अभी उसका क्या हाथ होता है ? कुछ नहीं।

इतना टुनाई को अच्छी तरह मालूम हो चुका था कि बिसेसरी का ब्याह अब कोई आसान काम नहीं रह गया है। चतुरानन चौधरी की तरफ से इधर लोगों में यही बात फैलाई गई थी कि वह नौगछिया से शादी कर आए हैं, अगहन में गौना होगा। इस प्रचार का फल यह हो रहा था कि टुनाई के बड़े और मँझले भाइयों ने रिश्ते के लिए फिर से जहाँ-जहाँ बातचीत शुरू की थी, बाद को उन सभी जगहों से जवाब का बँधा-बँधाया गोला छूटने लगा—ब्याही लड़की को दुबारा ब्याह कर अब और कितना कमाएँगे पंडितजी ? जो बात कहीं नहीं हो पाई वह अब नौगछियावाले करने जा रहे हैं ?...

बीच में टुनाई किसी काम से दरभंगा गया था। वापस आते समय दरभंगा प्लेटफार्म पर एक आदमी से अकस्मात् परिचय हुआ तो वह मानिकपुर-गढ़िया का निकला। हास-परिहास की मुद्रा में उसने पीछे कहा—चलिए, पान खा आवें बाहर से। आप तो हमारे चतुरा बाबू के कुटुम्ब-नारायण ठहरे ! पचास-साठ वर्ष बाद यह रिश्ता हमारे और आपके बीच कायम हुआ है। महारानी जनक-लली[1] की

1. सीता, सीता की जन्मभूमि होने से उधर कुछ लोग बात-बात में सीता का नाम लेते हैं।

अनुकम्पा से ही यह काम हुआ समझिए...उसने टुनाई का हाथ पकड़ा और पुल की ओर खींच ले जाना चाहा। टुनाई दुहरे संकट में पड़ गया ! पिता का नाम क्यों बता दिया ? मगर इस पर चुप रह जाना भी बउड़मपना होगा और बाहर चलकर इस आदमी के दिए हुए पान के बीड़े स्वीकार करना तो बेवकूफी की हद हो जाएगी ! कैसा रिश्ता और कुटमैती[1] !...

टुनाई पहले खुद सँभला, पीछे कड़ी आवाज में उस आदमी को झाड़ दिया—भंग तो नहीं पी आए हैं आप ! किसने बताया कि चतुरा चौधरी की शादी हमारे घर हुई है ? मेरे पिताजी उन्हें ले जरूर आए थे, पर घर के और लोगों को वह जँचे नहीं। हमारे गाँव के पढ़े-लिखे नौजवानों ने समझा-बुझाकर चौधरीजी को विदा कर दिया, उधर लड़की की तबियत एकाएक खराब हो गई थी। कई कारणों से यह ब्याह हुआ नहीं, टल गया।

दाँत चियारकर वह टुनाई का मुँह ताकता रहा थोड़ी देर तक, फिर हँसने लगा—ही ही ही ही हू हू हू हू हू हू ?

छन-भर बाद बोला—चलिए पान तो खा आवें ! छिलका छुड़ाने से बात यह पतली थोड़े हो जाएगी ? ब्याह अभी नहीं हुआ है तो आगे होके रहेगा, आ[2] कि नहीं।

उस सनकी से बहस करना बेकार था। टुनाई उसकी नजर बचाकर दूसरी ओर जाकर ट्रेन की प्रतीक्षा में खड़ा हो गया था।

इस प्रकार की बातें गाँव के और कई लोगों को सुननी पड़ी थीं। इस तरह की अफवाहें चतुरा चौधरी के आदमी खूब फैला रहे थे।

टुनाई का समूचा परिवार इससे घबड़ा उठा था। औरत-मर्द सभी हाथ जोड़कर भगवान से मनाया करते कि चाहे जैसे भी हो, बिसेसरी का ब्याह अगहन के लगन में अवश्य हो जाय। पंडिताइन ने आँचल पसारकर और मत्था टेककर जोड़ा छागर[3] कबूला था दुर्गामाई के आगे। बच्चन ने सत्यनारायण भगवान की पूजा का संकल्प लिया था। रामेसरी की मनउती थी गंगाजल भरकर पैदल पहुँचेगी और अपने हाथों से बाबा बैदनाथ को नहलाएगी।

कुछ मनउती बिसेसरी की भी थी क्या ?

---

1. संबंध, कुटुंबिता, 2. या, 3. तरुण बकरा, पाठा।

थी कि ! अवश्य थी !

नहीं भला कुछ कैसे होती ?

तो क्या थी बीसो की अपनी मनउती ?

बिसेसरी की मनउती यही थी कि आनेवाले अगहन में अगर कोई बीस या बाईस-साला दूल्हा उसके लिए मिल गया और शादी हो गई तो वह चाँदी की छोटी-सी खूबसूरत बसुली[1] गढ़वाएगी सुनार से और बाँके बिहारी कुँवर कन्हैया के हाथों में थमा देगी...

टुनाई देर तक चुप रहा। पारिवारिक मुसीबत के बीसोवाले पहलू पर बार-बार सोचता रहा। यह संकट उससे छिपा हो सो बात नहीं थी। माँ की तन्दुरुस्ती इधर गिर रही थी। बहन के व्रतों-उपवासों की संख्या बढ़ गई थी। बिसेसरी के स्वास्थ्य पर भी बुरा प्रभाव पड़ा था इन बातों का...

टुनाई माहे की ओर बीच-बीच में देख लेता था। वर्षा के पानी का रेला दूध की गुच्छियों में छपरिहा[2] खर के कुछ टुकड़े कभी उलझा गया था, वे अब भी जस के तस उनमें फँसे-अटके पड़े थे। खर का एक छोटा टुकड़ा उठाकर टुनाई ने हथेली पर उसे फिराया, मिट्टी झर गई तो वह उससे कान खोदने लगा।

—कब तक कान खोदेगा ?

टुनाई जवाब में फिर कुछ नहीं बोला। उसकी यह स्थिति देखकर माहे ने तय कर लिया कि अभी नई योजना की भनक टुनाई के कानों में न पड़े तो अच्छा। यह मल्हू[3] कुछ का कुछ समझ लेगा।

—चलो टुनाई, अभी हम लोग कबड्डी खेलें। बातें फिर कभी कर लेंगे। बात कोई खास तो थी भी नहीं...

माहे ने टुनाई का हाथ पकड़ा। दोनों उठ गए।

---

1. बाँसुरी, बंशी, 2. छप्पर से झरे-पड़े व गिरे-टूटे, 3. मूर्ख, बुद्धू।

तेरह

पंडित का दूसरा लड़का दुर्गानंदन था तो एक मामूली वकील का मोहर्रिर मगर समझदारी उसकी काफी तेज थी। वह ताड़ गया था कि चतुरा चौधरी भीतर ही भीतर बेहद खीझ गया है। बिसेसरी का ब्याह किसी और दूल्हे से न हो, उसकी कोशिश रहेगी। झख मारकर हम अपनी भांजी को चतुरा चौधरी के चरणों में अर्पित कर दें—मनिकपुर-गढ़ियावाले तो यही चाहेंगे !

टुनाई की तरह दुर्गानंदन की भी चौधरी के किसी गाँववाले से भेंट हुई थी। शादीवाली बात दुर्गा ने चुपचाप सुन ली थी। कहनेवाले तो ऐसा कहते ही, किसका मुँह वह मूँदता फिरता ?

पेशा उसका ऐसा था कि रोज सैकड़ों नए चेहरे नजर आते। जान-पहचान भी उसकी खूब बढ़ी हुई थी। पढ़ा-लिखा तो मामूली था, चतुर खूब था। पचाढ़ी महन्थ के विद्यालय में रहकर और वैरागी पंहत का खाना खाकर दुर्गा ने व्याकरण की मध्यमा पास की थी। एक सहपाठी का बड़ा भाई मधुबनी कोर्ट में किसी वकील का

मोहर्रिर था। वह एक बार अपने भांई से मिलने आया तो दुर्गानंदन की बातों से बड़ा ही प्रभावित हुआ। घर की स्थिति से परिचित हो उसने दुर्गा से कहा—

"क्या करोगे शास्त्री और आचार्य की परीक्षाएँ पास करके ? अब तो जमींदार पंडितों को वर्षभिक्षा[1] भी नहीं देते ! जहाँ के लोग पहले भागवत की कथा सुनते थे, वहाँवाले नजदीक के शहरों में आकर सिनेमा देख जाते हैं। पंड्तिों की क्या कमी है ? गेहूँ सस्ता होता है तो घर-घर सतनरायन भगवान की पूजा होती है। सो, पंडित सस्ते हो गए हैं तो ज्ञान से लोगों की अरुचि हो गई है। चलो, तुम मेरे साथ महीना-भर रहो, फिर देखना। अपना खरच छोड़कर बीस-पचीस तो अगले ही महीने बचाने लगोगे, हाँ !..."

यह सुनते ही दुर्गानंदन की मगजी उलट गई। घर का हाल खस्ता था ही। पूरा दिन पूरी रात वह सोचता रहा—क्या बुरा है, खा-पीकर पंद्रह रुपैया भी यदि हर महीना घरवालों को वह देने लगे तो यह भारी काम होगा। जिस परिवार में पंद्रह प्राणी खानेवाले और कमानेवाले हों बस दो जने, उसे भगवान ही सँभालें तो सँभला ले जाएँ ! आदमी के बूते की बात नहीं है यह...अगले ही दिन दुर्गा अपने सहपाठी के बड़े भैया के डेरे पर पहुँच गया और तब से वह मधुबनी में डटा था। खा-पीकर तीस-पैंतीस बचा लेता था, कभी-कभी चालीस तक। दो वर्ष हो रहे थे उसे इस पेशे में, अब तो खैर फर्राट हो गया था। मुख्तार का हाता कूदकर वकील के हाते में आ चुका था। दुर्गानंदन का विश्वास पक्का हो चला कि यह काम बाबू (पिता) और बच्चन से नहीं होने का। बाबूजी पैंसठ से ऊपर की उमिर के हो गए, जमाने की रफ़्तार को पकड़ पाना उनके लिए असंभव है। भइया ठहरे ठेठ पंडिताऊ ढंग के आदमी। उनकी भी अकिल 'गजः-गजौ-गजाः' और 'गच्छति-गच्छतः-गच्छंति' से आगे नहीं बढ़ पाती। गौरी अभी बछेड़ा है। टुनाई और बुदुर छोटे हैं... तो फिर बिसेसरी का ब्याह कैसे होगा ? ऊँ हूँ ! दुर्गानंदन को स्वयं मुस्तैद होना पड़ेगा। अगले अगहन में यह काम जरूर हो जाना चाहिए।

---

1. हर साल एकमुश्त दी जानेवाली भिक्षा की रकम जो कि बड़े दरबारों में पंडितों के नाम बँधी होती है।

दुर्गानंदन नई उमर के लोगों पर टोह-निगाह रखने लगा। अंग्रेजी पढ़े लड़के कीमत में छेत्तर[1] के पट्ठ को मात कर रहे थे, यह तो उसने सौराठ में आँखों देखा था। साधारण पढ़ा-लिखा हो और डेढ़-दो बीघा जमीन का किसान हो, मुखड़ा अच्छा हो और उमिर पच्चीस से जास्ती न हो...बस, अपने तो ऐसा लड़का चाहते हैं ! दस-बीस रुपया देना भी पड़े तो भी ऐसे युवक को उठा लाएँगे।

—बाप और भाई की राय नहीं लोगे ?

—और ऐन मौके पर लड़के का गार्जियन भड़क गया तो ?

—तुम्हारे दरवाजे पर फिर कौन अपनी इज्जत गँवाने जाएगा ?

—दिगंबर और माहे वगैरह से क्यों नहीं इस काम में मदद लेते हो ?

—अरे हाँ, इनसे हमारी क्या दुश्मनी ! उस रोज दिगंबर और माहे ने जो कुछ किया सो अपने लिए थोड़े किया ?

—गाँव-भर की नाक कट रही थी, साबित रह गई !

—दिगंबर और माहे हमारी बिसेसरी के लिए कुछ न कुछ जरूर सोच रहे होंगे कि नहीं ?

—सोच रहे होंगे कि !

दाहिनी कनपटी के ऊपर पीतल की घिसी निबवाला उखड़े रंग का होल्डर खोंसे बाबू दुर्गानंदन मोहर्रिर यही सब सोच रहे थे।

भीतर दोएम मुंसिफ का कोर्ट।

बाहर बरामदे में खचाखच भीड़। दो-ढाई हाथ अंदाज रास्ता के लिए जगह छूटी हुई।

बरामदे पर लंबाई में दोनों ओर मोहर्रिर और स्टाम्प बेचनेवाले अपनी-अपनी दरी बिछाए हुए। बीच-बीच में कहीं एक-आध छोटी तख्तपोश भी। किसी पर लुढ़की स्याही का धुँधला निशान तो किसी के छोर पर बारीकी से खिंची हुई चाकू की छोटी-छोटी घनी लकीरें—मुवक्किल या गवाह ने तम्बाकू के सूखे-बड़े पत्ते को खैनी बनाने के लिए काटा होगा, पास ही चूना का भी चेन्ह[2] मौजूद था। अपनी छाती पर कत्था-चूने से लिभड़ी हुई उँगलियों का छापा लिए हुए पावे पान के शौकीनों को फिर भी घूर रहे थे। शोरगुल और मिश्रित ध्वनियों की एक अजीब गूँज अदालत को अनाज और

1. हरिहर क्षेत्र (सोनपुर, बिहार) हाथियों का सबसे बड़ा मार्कीट है, 2. चिह्न, निशान।

तिलहन की मंडी बनाए हुए थी। सियाराम-कीर्तन, बिदेसिया नाच, हनुमान चलीसा, भरथरी चरित्र, नागलीला, दानलीला, किस्सा तोता-मैना, किस्सा सबाचार यार, सत्यनारायण कथा, दुर्गा सप्तशती, श्रीमद्भगवद्गीता, सुंदरकांड रामायण (तुलसीदास), मैथिल श्राद्ध-विवाह-पद्धति, जतरा-सगुन विचार, पहाड़ा (बाराखड़ी)...वगैरह बेचनेवाले दो-तीन छोटे बुकसेलर जूट के छोटे टाट पर अपनी-अपनी दूकान सजाए बैठे थे। दो-एक ऐसे भी दूकानदार थे जो चाकू-कैंची, अलीगढ़ के ताले, सुइयाँ, बटन और धागों की गोलियाँ जैसी चीजें फैलाए हुए थे। बीचोबीच रास्ते के लिए जो जगह छूटी हुई थी, उस पर से तरह-तरह की सूरत-शक्लवाले गुजर रहे थे। सामने से दाढ़ी-मूँछ सफाचट या फिर बड़ी-बड़ी मक्खियों जैसी मूँछोंवाले मगर पीछे चुटिया की ढाई-तीन तोला गाँठ लटकाए हुए; तेल में चपचप करती हुई छँटे बालों की सतमहला पट्टियाँ और नाक पर से लेकर कपार के ऊपरी छोर तक पीली मिट्टी का लंबा उँगलिया रेख और गले में सरसों जैसे बारीक दानेवाली वैष्णवी कंठी; दाढ़ी नहीं लेकिन मूँछें मशीन से छँटी हुई और कपार में सेंदुर का गीला टीका; नेपाली बकरी जैसी पतली-लंबी दाढ़ी, मूँछें छँटी हुई और दुपलिया टोपी माथे पर; चोटीविहीन खाली सिर, दाढ़ीमूँछ सफाचट—पैंट लेकिन सबके थे। बाकी कोई चपकनधारी तो कोई कोटधर...ये लोग मधुबनी अदालत के वकील थे। मुख्तारों की आमदनी बहुधा वकीलों से कम हुआ करती है, इसका असर उनकी शान-शौकत पर पड़ता है। यहाँ भी मुख्तारों का वही हाल था।

कि इतने में मोकिल[1] आकर दुर्गानंदन से अपने मुकदमे की अगली पेशी का दिन पूछने लगा।

एक बार पूछा, दो बार पूछा। तीसरी दफे मोकिल भभाकर हँस पड़ा।

जोर की हँसी ने मोहर्रिर का ध्यान भंग किया तो वह बोला—क्या पूछते हैं ?

मोकिल अधेड़ उमर का गोरा-छरहरा मुसलमान था। उसने मुस्कुराके कहा—अपने मुकदमे की अगली पेशी की तारीख मैं किससे मालूम करूँ ? यहाँ तो डूबा हुआ है लैला की याद में मजनू...हः हः हः हः !

1. मुवक्किल।

नहीं शेखजी !—दुर्गानंदन झेंप गया।

—तो क्या सोच रहे थे आप ?

—एक घरेलू झमेला आ पड़ा है, शेखजी !

—तिरिया चरित्तर का झमेला न ?

—मखौल नहीं शेखजी, अपनी कसम !

मुवक्किलों से मुहर्रिरों का हास-परिहास कोई अनहोनी बात तो थी नहीं। यही तो चीज है जिससे अदालत की मनहूसी फटती है। पेशेवर एकरसता को जिंदगी का रंगीन और जायकेदार मिक्श्चर इस तरह कभी-कभी खुशगवार न बना ले तो दुनिया नरक ही नरक रह जाएगी।

दुर्गानंदन की चेतना ने स्फूर्ति हासिल की शेख की इस टॉनिक से। पाकिट से गीता प्रेसवाली डायरी निकालकर वह बोला—20 अगस्त, सोमवार...और जरा पहले आ जाइएगा। वकील साहब को उस रोज बहुत-सारे काम करने हैं; चार केसों में उस तारीख को उनकी बहस होनेवाली है...और हाँ...

शेख ने एक चवन्नी अपने मोहर्रिर की मुट्ठी में गोंज दी।

आज के लिए थोड़े कहा है ?—मोहर्रिर बोला और मुस्कुराने लगा।

—तो ?

—अजी, अगली पेशी के दिन से मेरा मतलब था।

—समझ गया।

—हूँ! खलास बैटरी से काम नहीं चलेगा उस रोज ! मसाला भरा रहे; हाँ शेखजी, समझे न ?

शेख का चेहरा भारी हो उठा तो मोहर्रिर की टोन बिलकुल बदल गई— अजी, जास्ती नहीं। बीस-पचीस में उस तारीख का सारा काम निबटा दूँगा, आप कुछ फिकिर मत कीजिए।

—अभी तो समन तक नहीं पहुँचा है गवाहों के पास !

—यह बात है ?

—और नहीं तो ?

—निकालिए ए'गो रुपइया ! सिरिस्तेदार और समन ले जानेवाला सिपाही—दोनों को अठन्नी और चवन्नी चटानी पड़ेगी, मैं कई बार जा-जाकर उन्हें ताकीद करूँगा, तब कहीं समन बरामद होंगे

और गवाहों तक पहुँचेंगे। कितनी दौड़-धूप मुझे करनी होगी ! चाहिए तो डेढ़ रुपइया, मगर निकालिए आप एक ही कलदारम्...

—मेरे पास तो अब लारी का भाड़ा-भर रह गया है !

—ऊँ हूँ ! फिर कैसे होगा ?

—तो किसी पड़ोसी या जान-पहेचान के आदमी को देखता हूँ...दुर्गा बाबू, आप ही कोई इन्तिजाम कर लीजिएगा, अल्ला की कसम ! मैं दे दूँगा पीछे...

—नहीं जहदल्ली[1] शेख, इस बखेड़े में मैं नहीं पड़ूँगा। किस-किस मोकिल के लिए मैं उधार पैसा माँगता फिरूँ और असूल-तहसील का एक नया खाता खोलूँ ! न हो तो आज रहने दीजिए, चार रोज बाद आइएगा, काम हो जाएगा।

शेख उठा झख मारकर आखिर !

दुर्गानंदन भी उठे। ऊपर सीध में उठाकर बाँहों को झटका दिया, साँस को थमकाकर समूचे बदन को कड़ा किया और जँभाई ली। फिर पान की दूकान की ओर बढ़े।

तिर्छे टँगे आदमकद आईने में साँवली सूरत का जो चेहरा दिखाई दिया उससे दुर्गा को अचरज हुआ।

—अरे, यह तो दिगंबर है !

नजदीक आकर दुर्गानंदन ठमक गया। पान के चार बीड़े मुँह में कोंचकर ऊपर से जर्दा डालके दिगंबर ने निचली जेब से चमचमाती अठन्नी निकाली। उधर नजर पड़ते ही तमोली मुस्कुराया, होंठों को ड्योढ़ा करके इन्कारी मुद्रा में उसने भारी-सा माथा हिलाया।

—नहीं है चेंज !

—वाह, क्यों नहीं है !...अकस्मात् पीछे से एक हाथ बढ़ आया आगे, तमोली ने सामंने झकाझक पीतल मढ़ी छोटी चौकी पर एक धूमिल मगर अनघिसी दुअन्नी रख दी गई...खट्ट।

दिगंबर ने गर्दन घुमाई, दुर्गानंदन से आँखें मिलते ही मुँह से निकला—पर्नाम दुर्गा बाबू।

—दिगो, यहाँ कैसे रे ?

—गिलसेन[2] में कुछ सामान लेना है।

1. जाहिद अली, 2. ग्रियर्सन मार्केट (मधुबनी, जिला दरभंगा, बिहार)।

—क्या-क्या ?

—उड़द, लाल मिर्च, काली मिर्च, जीरा...

—अब आज नहीं जाने दूँगा, कल सवेरे खा-पीके अपना चले जाना !

—अँदेशा के मारे माँ जो परान तेआग देगी।

—नहीं रे दिगो ! राम के लिए कौसल्या की जान जब नहीं निकली तो तेरी माँ का क्या होगा ?

यह कहते-कहते दुर्गानंदन को भी हँसी आ गई और दिगंबर के रँगे होंठ दुहरे-तिहरे हो उठे।

तमोली तब तक दुर्गा को भी पान दे चुका था।

दुर्गानंदन ने दिगंबर के कंधे पर अपनी एक बाँह डाल दी और चलते-चलते गाँव-घर के हालात मालूम करने लगा...गोनउड़ा की दादी मर गई थी...चोर फतूरी काका की बाड़ी से तीन कटहल तोड़ ले गए थे...रामेसरी को हल्का-सा बुखार आया था...गौरीनंदन लहेरियासराय से होमियोपैथी की दवाएँ खरीद लाए हैं...

उस रोज सनीचर था, अदालत कुछ पहले ही उठ गई। अपनी जगह पर आकर दुर्गानंदन कुछ देर दिगंबर से इधर-उधर की बातें लड़ाता रहा। इसी बीच वह जहदल्ली शेख चुपचाप एक रुपइया दे गया। कुछ कहने लगा था कि दुर्गानंदन ने नजर मारकर इशारा किया—सब ठीक हो जाएगा अब; और बाईं हथेली उठा—फैलाकर बेफिक्र रहने का आश्वासन दिया।

—इसी के लिए मैं रुका था दिगो !

—तो चलिए न अब !

दुर्गानंदन ने बस्ता लपेटा। अलग एक टटऊ[1] घर में कुछ बेढंगी संदूकें पड़ी थीं, एक को खोलकर उसमें अपना बस्ता रख दिया। दफ्तियोंवाली छोटी फाइल साथ रख ली। बोला—अब चलो भइया !

सूड़ी स्कूल के पास दुर्गानंदन के वकील साहब का डेरा था। बैठकवाले बाहरी हिस्से में दो कोठरियाँ थीं। एक पर दुर्गा का कब्जा था। यों तो इस रूम में भी फूटे शीशोंवाली दो बूढ़ी आलमारियाँ थीं, उनमें बँधे-बे-बँधे कानूनी पोथे अव्यवस्थित रूप में पड़े थे। फिर भी दुर्गानंदन ही इस कोठरी का सर्वाधिकारी था, क्योंकि ताला लगाकर

1. भीत की जगह बाँस की फट्टियों की बनी आड़वाले।

दो-दो तीन-तीन दिन मधुबनी से बाहर रह सकता था।

बरामदे में कुछ कुर्सियाँ पड़ी थीं। बाजार के लिए कोठरी से बाहर निकलते समय दुर्गा ने हाथ बढ़ाकर कहा—यहाँ, दिगो, वकील साहेब बैठते हैं।

बाजार जाकर दोनों सौदा कर आए, दुर्गा ने नहीं माना... आग्रहपूर्वक हलवाई की एक दूकान में ले आकर जब बैठा ही दिया तो बाबू दिगंबर को नाश्ता करना पड़ा। टकही कचौड़ियाँ मुरमुराते हुए दिगो ने कई बार कहा—क्यों इतना खर्च करते हैं दुर्गा भैया ?

—अरे, तुम क्या रोज आते हो ?

ऊपर से चार-चार बीड़े पान के।

ऐसा नहीं कि पंडित दुर्गानंदन झा ने साथ नहीं दिया हो ? साथ दिया और हँसते-खेलते !

लौटकर डेरे पर आए। बातें होती रहीं, फिर बीच में उठे दोनों जने और जाकर खा आए बूधन झा के होटल से। दुर्गा इस होटल का माहवारी मेंबर था ही। दिगंबर मल्लिक थे गेस्ट।

बरामदे में अपनी कोठरी की ओर ही कम्बल बिछाया गया, फिर दरी।

—तकिया एक है तो क्या हुआ ? मैं अपने लिए कपड़े डालकर झोले को ठीक कर लेता हूँ, तुम तकिया पर माथा रखकर आराम से सो जाओ !

—नहीं, दुर्गा भाई ! ऐसा भी कहीं होने का ?

दोनों अगल-बगल लेटकर देर तक बातें करते रहे।

आज बिसेसरी के बारे में चिंता के दो पृथक् सूत्र एकजुट हो गए थे। आगे क्या रास्ता है, इस पर खुलकर गप्प हुई थी।

अगहन में जैसे हो, बिसेसरी की शादी होगी ही। बिसेसरी के लायक दूल्हा नहीं मिलेगा ! मिलेगा क्यों नहीं ? और चतुरा चौधरी ? अरे, उस दुमघिसे गीदड़ की बात छोड़ो। वह भूँक-भूँककर अपनी माँद में सर पटकता रह जाएगा...

चौदह

आसिन का महीना !

पितरपच्छ के दिन आ गए थे।

आज मातृनवमी थी। अपनी-अपनी माँ, नानी, सास, दादी और परदादी के निमित्त सबको एक-एक ब्राह्मण चाहिए था। इतने ब्राह्मण कहाँ से आवें ?

माहेश्वरी को नौ घरों में न्यौता था। बूलो को सात घरों में। गौरीनंदन, टुनाई, बुदुर—किसी को भी पाँच-पाँच से कम घरों में नहीं जीमना था।

पंडिताइन ने अपनी नानी, सास और सतिया[1] सास के लिए चार ब्राह्मणों का न्यौता दिया—चारों छोकरे बाभन थे क्योंकि सयानी मूर्तियों के लिए भोज्य वस्तुएँ काफी और अच्छी अपेक्षित होतीं। शास्त्र में कहीं ऐसा तो लिखा है नहीं कि भूख से कुलबुलाते अधेड़ ब्राह्मण के समक्ष तीन-तीन पत्तलों की खाद्य सामग्री एक ही पत्तल पर परोस देनी चाहिए अन्यथा पितरों की तृप्ति नहीं होगी। गले में

1. सौतेली।

जनेऊ रहनी चाहिए, फिर उमर यदि पाँच की भी हो और जन्म हुआ हो ब्राह्मण वंश में तो देवता और पितर लाख झख मारें, आपको ब्रह्मभोज में सम्मिलित होने का पूर्ण अधिकार है।

बूलो की भाभी ने अपनी माँ और सास के निमित्त पकी उमर के दो ब्राह्मणों को निमंत्रण दिया था और ताकीद कर दी थी कि वे पहले उसी के घर जीमेंगे। जिमाए ब्राह्मण बटुकों को जैसे-तैसे जिमाकर पितरों को ठगना बूलो की भाभी ने कहाँ सीखा था ? नहीं सीखा था !

रामेसरी ने अपनी सास के निमित्त फतूरी काका को न्यौता दिया था। वह चर्खा चलाकर दस-बारह रुपए महीना अपना कमा लेती थी। अन्न-वस्त्र के लिए अभी माँ-बाप जीवित थे। लड़की के लाड़-प्यार के लिए और दूसरी जरूरतों के लिए सूत बेचकर हासिल की हुई यह रकम काफी थी। अपने पति और सास की बर्खी के अवसर पर वह सात या पाँच ब्राह्मणों को अवश्य जिमाती। ब्राह्मणों की संख्या भले थोड़ी रहे, सामग्री मगर अच्छी होनी चाहिए—इस ओर रामेसरी बराबर सतर्क रहती। हाँ, माँ-बाप और भाइयों को वह उनकी धारणाओं के मुताबिक ही चलने देती।

छोटी बहू के नानी नहीं थी, सो उसके नाम पर फतूरी का नौ-साला लड़का पित्तो जीमने आया।

चंद घंटों के अंदर ही जिन्हें कई घरों के पितरों को अकेले-अकेले तृप्त करना था वे उस रोज सबेरे ही नहा-धोकर और चन्दनटीका लगाके तैयार हो गए थे।

माहे रात से ही पेट को हल्का किए हुए था, उसे नौ पत्तलों से निबटना था न ! मुखिया के घर चूड़ा-दही से पितरपच्छ के ब्रह्मभोजी मैदान में वह जो कूदा सो बाबू नीलकंठ मल्लिक के यहाँ पूड़ी-तरकारी का पारायण करता हुआ बाहर निकला...बीच-बीच में कहीं भात-दाल-तरकारी, कहीं चूड़ा-दही और कहीं फिर भात-दाल-तरकारी और कहीं फिर चूड़ा-दही ! आधा पहर दिन उठे पहला पत्तल सामने आया था और आखिरी दो बजे। बाकी दिन-भर वह बूलो के दालान पर चित्त-पट होता रहा और पानी पीता रहा।

बूलो का खुद का भी यही हाल था। माहे की माँ के यहाँ से शुरू करके परमानंद पाठक के घर उसने अंतिम बार हाथ-मुँह धोए

थे ! माहे की माँ को भी खिलाने-पिलाने का आवेश[1] काफी था और पाठक लोगों का खान-पान तो गाँव-भर में मशहूर था ही।

दिगो के दालान पर उस रात पचीसी[2] खूब जमी थी। माहे और बूलो नहीं आ सके थे, बाकी सभी आए थे। दिगो और गौरी दोनों गोधिया[3] थे, दो बार हारे थे और एक बार इनकी गोटियाँ लाल हो गई थीं—जीत गए थे।

दुर्गानंदन और दिगंबर ने मधुबनी में जाने क्या-क्या बातें की थीं कि आपस का तनाव बिलकुल हट गया था अब। जन्माष्टमी की छुट्टी में दुर्गा घर आया और बूलो के घर जाकर बड़ी देर बाद बाहर निकला था। अपनी माँ और बहिन से भी उसने काफी एकांती[4] की थी।

दूल्हा जब से भगा दिया गया था तब से दिगंबर-बूलो-माहे आदि के परिवारों से पंडित-परिवार का मेल-जोल एकदम टूटा हुआ था, सो अब एकाएक जुड़ गया—मुखिया और फतूरी वगैरह इसे उच्चाटन और वशीकरण का कोई तांत्रिक प्रयोग समझने लगे, या क्या सो वही जानें ! हाँ, अचरज के मारे आँखें उनकी कपार पर जरूर उठ आई थीं। मुखिया ने दो दिन बाद, पोखर के पथराही घाट पर गीली धोती फेरते हुए फतूरी की ओर भोरे-भोरे आँखें फाड़-फाड़कर देखा। खुद दिसा-फराकत[5] हो आया था। हाथ मटिया चुका था, अब सिलवर का बनारसी लोटा मिट्टी से मल रहा था। घाट के नगीच पनी के बलुई कछार पर एँड़ियों के सहारे बैठा था। बाईं ओर गर्दन घुमाके थूक फेंकी और बोला—खोंखा पंडित का समूचा घर बूड़ गया फतूरी काका !

—कहते क्या हो !

फतूरी चौंके। हथेलियों में फुर्ती आ गई तो कमर से सूखी धोती का कोर-किनारा चट्ट से गोलाई में लपट गया और सड़ाक से लाँग मानो आप ही पीछे की ओर होकर खुँस गई।

धोती का बाकी हिस्सा उन्होंने पीठ पर डाल लिया तो वह गर्दन का चदरऊ घेरा बन गया।

---

1. जतन, भावुकता, 2. चौपड़ की तरह का एक खेल—आठ कौड़ियों के सहारे खेला जाता है, खाने बिलकुल चौपड़ के, गोटियाँ चार होती हैं। मुट्ठी में लेकर भाँजने पर चित और पट पड़नेवाली कौड़ियों के क्रम से लोग अपनी-अपनी गोटी की चाल बढ़ाते हैं, खेलनेवाले भी चार—आमने-सामने दो-दो, जो गोधियाँ (गोइयाँ साथी) कहलाते हैं, 3. गुइयाँ, जोड़ी, 4. गुफ्तगू, 5. निबटने के लिए जंगल-मैदान या खुली जगह, गाँव के बाहर की बिना बस्ती की जमीन।

झुककर गीली धोती पर हाथ डालते हुए फतूरी ने मुखिया को फिर टोकारा दिया—उँ ?

घुटने-भर पानी में जाकर मुखिया जोर-जोर से लोटा खँगार रहा था और फतूरी काका बीच में टूटे हुए श्लोक की कड़ी को फिर जोड़ रहे थे।

प्रथमस्तु महादेवो द्वितीयस्तु महेश्वरः!
तृतीयः शंकरः प्रोक्तश्चतुर्थो वृषभध्वजः !!
पंचमः कृत्तिवासाश्च...

मुखिया ने ताबड़तोड़ कुल्लियाँ कीं, वहीं पानी के अंदर ही गर्दन को तनिक दाहिनी ओर घुमाकर—पानी लेकिन चुल्लू से सामने की तरफ से लेता था।

पानी से बाहर निकलकर वह गमछे से हाथ-मुँह पोंछने लगा। फतूरी तब तक पानी के अंदर जाकर धोती खँगारने लग गए। पाठ का एक टुकड़ा खतम हो गया और धोती भी निचो ली उन्होंने !

—क्या कह रहे थे तुम मुखिया ?

—खोंखा पंडित का पलिबाड़[1] बूड़ गया !

—कुछ कहबो करोगे कि !

—वह छउँड़ी[2] फिर गाँव-भर में कुदान मारने लगी फतूरी काका !

—कौन हो ? बिसेसरी ?

—तो और कौन ?

—चार महीने हुए, मैंने तो उस लड़की को नहीं देखा है कहीं आते-जाते।

—आपको, फतूरी काका, घर की खबर तो रहती ही नहीं, फिर गाँव का हाल क्या जानने गए आप ?

इस पर फतूरी काका तनिक बिलमे।

ऊपर से ताजी-चिकनी मिट्टी ले आए कौड़ी-भर, लोटा को हल्के हाथ से माँजते हुए कहा—जाने भी दो बासकीनाथ, धी-बेटी ठहरी। नानी ने या मामी ने किसी काज से इधर-उधर दौड़ा दिया होगा। बहिकिरनी[3] किसके घर क्या काम करती है ? गया वह जमाना बाबू, मुट्ठी-भर जूठे भात की आस लगाए हमारी-तुम्हारी देहरी

1. परिवार, 2. छोकरी, 3. गृहदासी।

के सामने अब कौन निगोड़ी खड़ी रहती है ? और, फाजिल भात ही अब किसकी हँड़िया में पड़ा रहता है ? बोलो न ?

—सो मैं कहाँ कहता हूँ कि नहीं, मुदा...

बात को बीच ही में निगलकर मुखिया कछार से ऊपर जा पहुँचा और मोहाड़[1] पर एँड़ियों के सहारे बैठ गया। साहड़ की हरी-ताजी छरहरी टहनी तोड़ लाया था सो वहीं पड़ी थी। अंटी से चाकू निकाली जो कि अपनी नफासत व तेज धार के लिए मौजा नौगछिया में मशहूर थी—छोटी-सी चमचम करती हुई रेजिस चाकू ! पहले उसकी फली खोलकर धार को धोती के खूँट से पोंछा, फिर दतवन बनाने लगा। अपनी इस चीज पर हाथ पड़ते ही मुखिया को कलकत्ता की याद हो आती थी। दो साल पहले माँ और स्त्री को साथ लेकर वह जगन्नाथ की जतरा कर आया था, लौटते समय दो रोज कलकतिया हवा खाई थी। यह चाकू वहीं डेढ़ रुपया में ली थी...

एक हाथ में भीगी-निचुड़ी धोती, दूसरे में पानी-भरा लोटा सँभाले फतूरी भी घाट छोड़कर ऊपर आए। तनिक ठमक गए।

—और, क्या बात थी ?

दातून चबाता हुआ मुखिया बोला—रामेसरी माहे की माँ से पहर-पहर गप्पें लड़ाने लग गई है। मानिकपुरा-मढ़ियावाला बुड्ढा जब से मुँह की खाकर गया तब से इन लोगों में बोल-चाल, मेल-जोल सब बंद था। अब एकाएक रातो-रात यह क्या हो गया फतूरी काका, कि गंगा-जमुना की धार एक ही नहर में आकर बहने लगी है फिर ?

—क्या बुरा है ! तुम्हें इसमें प्रपंच[2] की गंध तो नहीं लग रही है ?

हतप्रभ होकर मुखिया ने आँखें नीचे की ओर कर लीं तो फतूरी ने घर का रास्ता पकड़ा।

तो, उतनी बड़ी दुर्घटना के तीन ही महीने बाद बिसेसरी फिर टोला-मुहल्ला में कुदान भरने लगी थी ?

अरे, कुदान भला क्या खाकर भरती बेचारी ! दरभंगा की महारानी की कोख से तो नहीं पैदा हुई थी वह; या कि हुई थी ?

---

1. भिड़, तालाब या चभच्चा का बंध, 2. साजिश, षड्यंत्र।

नहीं, बीसो[1] बेचारी एक गरीब घर की पितृहीन लड़की थी जिसे निठुर गोतियों ने अपनी विरासत से महरूम करके दूर–बहुत दूर खदेड़ दिया था, बदनसीब नाना-नानी की दरिद्रता के दहकते हुए अग्निकुंड में धकेल दिया था।

इस उमर में बेफिक्र होकर कुदान वह भरे जो हँसी-खुशी से दमकते चेहरोंवाले खानदान में पैदा हुआ...उसी में पला-पुसा हो या फिर जिस छोकरी का बाप मिनिस्टर हो कहीं का या फिर लखपती-करोड़पती हो...

बिसेसरी या उसकी बेवा माँ रामेसरी के लिए कुदान भरने की कल्पना तब तक एक असंभावित स्वप्न था।

हाँ, बिसेसरी दो-तीन जगह अब जरूर जाने लगी थी। तरुणाई की सहज चुस्त चाल अगर किसी खूसट की निगाहों में खटके तो इसमें भला अबोध बिसेसरी का क्या कसूर ?

खंजन के घर जाती थी, बूलो की भाभी का आँगन फिर उसकी मुस्कानों से धुलने लगा था और कभी-कभी तिरपित साहु की दूकान भी जाना पड़ता था। बस एतद्धि रामायणम् ![2]

खंजन उसकी मुँहलगी और हमदर्द सहेली थी। आयु में चार महीने छोटी। क्वाँरापन उसका भी अब तक टटका[3] था। वह परमानंद पाठक की भतीजी थी। पिछले जेठ में ठीक दूल्हा आने के दिन, दुपहर के वक्त उसे बुखार आ गया था। सो, अब बीसो उसके घर आने-जाने लगी थी।

बूलो की भाभी के घर चउड़-चन[4] के दिन ढाई-तीन महीने बाद वह आई थी। कितनी खुश हुई थीं भाभी ! पकवान छानना छोड़कर उठ आई और कसके बीसो के गाल चूम लिए थे, एक नहीं अनेक बार ! और उधर कड़ाही में पक रहीं गुझियाँ लहक उठी थीं; धुआँ उठने लगा था उनसे !!

---

1. बिसेसरी, विश्वेश्वरी, 2. इतनी-भर रामायण ! बाकी कुछ नहीं, 3. ताजा, तात्कालिक, 4. भाद्र शुक्ल की चौथ, नैवेद्य-निवेदनपूर्वक भादों की चौथ के उगते चाँद को देखने का त्योहार।

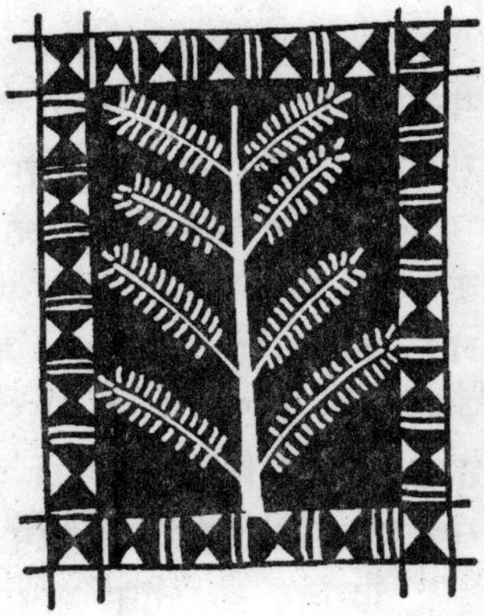

पंद्रह

दिगंबर का ननिहाल—पदुमपुरा—खजउली इसटीशन से कोस-भर पच्छिम था, पक्का कोस नहीं कच्चा कोस...डेढ़ माइल का फासला था।

ऐसे तो छठे-छमाहे दिगो को पदुमपुरा जाना ही पड़ता था, क्योंकि नानी संग्रहणी का शिकार थीं बहुत दिनों से। उनके लड़के थे तीन मगर लड़की यही एक थी—दिगम्बर की माँ मात्र, सो भी पहली संतान। नाना अथबल[1] हो चुके थे, आधा लेटे-लेटे दिल-दिमाग की खुरचन कागज पर उतारा करते थे। इधर पंडिताऊ ढंग पर नाटक लिखने की धुन सवार थी 'ललितकिशोर'जी पर, पौराणिक कथानकों का आधार लेकर अब तक आप अठारह रूपक तैयार कर चुके थे। नाना और इस नाती में खूब घुटती थी। घंटों बैठकर दिगंबर सूत्रधार—नट-नटी-विदूषक के कथोपकथन सुना करता नाना के मुँह से। फुलिस्केप साइज का बादामी कागज : सौ-सौ पेज की दसियों कापियाँ। ब्लू ब्लैक स्याही और पीतल की

1. बिलकुल असमर्थ, नाताकत, अस्त-बल।

मोटी निब की सुडौल और पुष्ट लिखावट में बड़ा ही भव्य–अत्यंत मनोरम लगता था दिगंबर को यह सब देखने में। नाना की यह साधना किशोर नाती के रोम-रोम में स्फूर्ति का संचार करती थी। सुनाते-सुनाते ललितकिशोरजी लेखक की मर्यादा का उल्लंघन करके कब नाटकीय परिधि में अपने स्वरों और मुद्राओं को दाखिल कर लेते, पता नहीं। यदा-कदा बल्कि बहुधा योग्य आगंतुकों को वह अपनी ये कृतियाँ बाँच-बाँचकर आग्रहपूर्वक सुनाया करते। इससे हुआ यह था कि अधिकांश कथोपकथन उन्हें कंठस्थ हो गए। यह सब बुढ़ऊ के लिए भी मामूली मनोरंजन ही था।

दिगंबर के तीन मामा थे। एक जिला सहरसा में किसी हाईस्कूल का हेडमास्टर था, एक मुक्तापुर की जूट-फैक्टरी में असिस्टेंट अकाउंटेंट और तीसरा मैट्रिक पास कर चुकने पर जो खेती-गिरस्ती में जुता सो अब घर का मुखिया बन बैठा था।

नानी थीं, नाना थे, तीन मामियाँ और उनके सात बच्चे थे, एक नौकरानी थी, एक चरवाहा था–सबसे ऊपर परिवार-भर की देख-रेख करनेवाले बाबू जैनंदनलाल दास तो थे ही। यही दिगो के 'छोटका मामा' थे।

परिवार के महामुखिया बाबू श्री गुणवंतलाल दास 'ललितकिशोर' अब घर के किसी काम में दखल नहीं देते थे। स्नान-ध्यान, पूजा-पाठ, श्रीमद्‌भागवत, देवी भागवत, कृत्तिवास का बँगला रामायण, काशीराम दास का बँगला महाभारत, मासिक कल्याण, सूरसागर, विनय पत्रिका, ब्रज-माधुरीसार...और अपनी साहित्य-साधना...वह निष्काम कर्म के कायल थे। अपनी कृतियों के पुलिंदों की गट्ठर को देख-देखकर आप ही पुलकित होते और बुदबुदा उठते :

कृष्णाय वासुदेवाय
हरये परमात्मने।
प्रणतक्लेश नाशाय
गोविंदाय नमोनमः॥
नमो ब्रह्मण्यदेवाय
गोब्राह्मण हिताय च।
जगद्धिताय कृष्णाय
गोविंदाय नमोनमः॥

अंतिम कड़ी पर पहुँचते-पहुँचते भावावेग के मारे उनका मस्तिष्क एक अजीब तनाव का अनुभव करता और साँस घुटने-सी लग जाती; मानसिक आकुलता से घिग्घी बँध जाती तो स्वर के क्रम अर्धरोदन एवं उच्छ्वास से संघटित होने लगते—प्रभो ! प्रभो ! त्राहि माम् मधुसूदन ! मो सम कौन कुटिल खल कामी !...और फिर—मेरो तो गिरधर गोपाल दूसरो न कोई...कंपित स्वरलहरी आत्मनिवेदन की सहज-स्निग्ध कमनीयता के अगवाह रास्ते को अनायास ही पकड़ लेती। विभोर हो-होकर और तालियाँ पीट-पीटकर गाए जानेवाले मीरा के वे अनमोल पद बहुधा दिगंबर को अपनी लय में बहा ले जाते थे। भक्ति और भावना की विह्वलता के आगे बूढ़े गले का वह फटा-फूटा खुरदरापन बिलकुल ही दब जाता था। आवेग की भाफ निकल जाने पर 'ललितकिशोर'जी के मुँह से निकलता :

कर्मण्येवाधिकारस्ते
मा फलेषु कदाचन।
मा कर्मफल हेतुर्भूः
मा ते संगोऽस्त्वकर्मणि॥[1]

भक्ति की इस सगुण धारा ने उन्हें धीरज की नैया दी थी, संतोष की पतवार दी थी। लिखित वस्तुओं का प्रकाशन उनकी दृष्टि में उतना महत्त्व नहीं रखता था जितना कि लिखना—लिखते चले जाना और पांडुलिपियों का ढेर लगा देना। आगे का काम तो लीलाधर-नटनागर गोवर्धन-गिरिधारी-वृंदावनबिहारी-कुब्जाविलासी-गोलोकवासी-कालिय-नागनथैया-कुँवर कन्हैया के कृपा कटाक्षों पर निर्भर था न !

दिगंबर जब ननिहाल रहता तो दिन-भर में एक-आध बार आकर नाना के नजदीक बैठ जाता और वह अपनी कृतियाँ नाती को प्रेमपूर्वक सुनाते।

नए ढंग से लिखी गई कविता या कहानी को वह समय एवं प्रतिभा का दुरुपयोग बताते। इसी से दिगंबर नाना के सामने कभी नहीं खुला। लिखता तो आखिर वह भी था न ?

नानी को सींकों से पंखी-बिजनी, पान-सुपारी रखने का डिब्बा,

---

1. काम करना भर तुम्हारा हक है, परिणामों पर तुम्हें कदापि अधिकार नहीं। काम के नतीजों को निमित्त मत बनाओ, निठल्लेपन से कभी तुम्हारा वास्ता न पड़े॥—गीता

धुथरी, पउती, बिड़हाड़ा, रिकाबी, डलिया, चँगेरी, फुलडाली बनाने का भारी शौक था। अब तो खैर देर तक एक आसन से बैठना उनके लिए असंभव था।

दिगंबर का मन नानी के कला-कौशल पर उतना फिदा नहीं था जितना कि छोटी मामी की सीने-पिरोने की हुनरमंदी पर। ठिगने कद की यह साँवली औरत स्वेटर-मोजे तो बुनती ही थी मगर बातें भी बड़ी नफासत से बुनती थी—सच पूछिए तो इसी एक कारण से दिगंबर बाइससाला छोटी मामी के चंचल नैनों को अपना दिल रेहन किए हुए था। नाम हू-ब-हू उसकी प्रकृति और आकृति पर फिट बैठता था...सलोनी देवी ! चाल-ढाल और रंग-ढंग परखकर सबकुछ भाँप लेनेवाला जाने वह कौन था जिसने छोटकी मामी का ऐसा बढ़िया नामकरण किया ? सलोनी ! और अब सलोनी देवी !!

बाकी दो मामियाँ वैसी ही थीं, मामूली घरों में जैसी और जनीजात होती हैं—नितांत साधारण किस्म की; नाक-नक्शा, चेहरा-मोहरा, शील-स्वभाव किसी भी दृष्टि से अतिशय सामान्य।

यह तो था दिगो का मातृकुल ननियाउर कह लीजिए या ननिहाल...माँ का खानदान।

पदुमपुरा के पास ही एक गाँव था मढ़िया। अपने मिडिल स्कूल के लिए आस-पास के इलाकों में यह बस्ती बहुत दिनों से नामी था।

मिडिल के दो साल दिगंबर यहीं का विद्यार्थी रहा। यों तो कई साथी थे उन दिनों के, मगर बाचो से घनिष्ठता जो हुई सो हद को पार कर गई थी। अलग रहने पर भी वर्षों तक दोनों में पत्र-व्यवहार चालू था।

वाचस्पति और दिगंबर—दोनों ने '42 में सातवाँ दर्जा यानी अंग्रेजी-मिडिल पास की थी। बाचो को स्कॉलरशिप मिला था, पंद्रह रुपए मासिक; मैट्रिक तक लगातार (चार साल) वह मिलता रहा, ग्यारहवें दर्जे तक। '46 में वाचस्पति ने मैट्रिक की, डिवीजन अबकी फस्ट नहीं सेकंड आया था। दिगंबर तो खैर '44 में ही फेल होकर पढ़ना छोड़ बैठा था। मित्रता फिर भी दोनों तरफ उसी तरह अटूट बनी रही। हाँ, वाचस्पति के पास कई कारणों से उतना वक्त नहीं बचता था जितना कि दिगंबर के पास। अपने दोस्त के लंबे-लंबे खत का जवाब देना वाचस्पति के लिए हमेशा बड़ी विकट समस्या रही।

छठे-छमाहे आठ-दस लाइन घसीटकर अपने को वह जैसे-तैसे तसल्ली दे लेता।

वाचस्पति झा वाट्सन हाई-स्कूल, मधुबनी का प्रतिभाशाली और गम्भीर छात्र था। मैट्रिक के बाद पढ़ाई उसकी जो छूटी सो छूट ही गई। अब वह छः लाख की आबादीवाले तीन-तीन थाना की जनता की तरफ से इन छः-सात वर्षों के अंदर नौ दफे जेल जाकर थाली-कटोरा बजा आया था।

वह सोशलिस्ट था।

'43-'44 में एक अंडरग्राउंड सोशलिस्ट लीडर का संपर्क पाकर रातो-रात वाचस्पति के जीवन ने त्याग और तपस्या की यह कँटीली पगडंडी पकड़ ली थी। दो महीना जाते न जाते वह मधुबनी के विद्यार्थियों का अगुआ बनकर राजनीति की सतह पर जोरों से उभर आया था।

और, रात-दिन पॉलिटिक्स की धमाचौकड़ी यह तभी से चली आ रही थी।

पढ़ाई में पग-पग पर अड़चन पड़ने लगी। हेडमास्टर पहले 'बेटा' और 'लाल' जैसे पगे-भीगे संबोधनों से पुकारा करता, अब वही नजर मिलते ही अपने गालों को आगरे के गोलगप्पे बनाकर मुँह फेर लेता। समझाते-समझाते न जाने कै कटोरा कीमती पसीना अपना वह चुआ चुका था।

साथियों ने भी कम कोशिश नहीं की थी—मगर वह नहीं सँभला और बकौल अपने हिंदी टीचर पं. श्री ब्रजवल्लभ त्रिपाठी 'विधुवलय' के, एक उदीयमान नक्षत्र घनघोर घटाओं की अटपटी अटारियों पर उठा और चिरकाल के लिए चौपट हो गया !

बाप का देहांत तभी हो चुका था जब बाचो नौ वर्ष का रहा होगा। माँ, छोटी बहन और खुद तीन ही जने थे। पाँच बीघा बढ़िया जमीन विरासत में मिली थी। माँ लहेरियासराय से पच्छिम के एक ऐसे गाँव की लड़की थी जो अपनी सामाजिक और राजनीतिक प्रगति के लिए बिहार भर में मशहूर था।

पिता पं. श्रीपति झा काव्यतीर्थ पहले सिंहबाड़ा और पीछे पुपड़ी (जनकपुर रोड) हाईस्कूल में हेडपंडित रहे। प्राचीन परंपराओं के प्रति आस्थावान् होते हुए भी, नए युग की ओर उनका दृष्टिकोण

असहिष्णुता का शिकार कदाचित् ही हुआ हो।

माँ अपर प्राइमरी पास थी। '38 में मढ़िया के राजपूत काश्तकारों ने डिस्ट्रिक्ट बोर्ड के चेयरमैन को बस्ती के अंदर कन्या पाठशाला खोलने पर राजी कर तो लिया, पर उन्हें महीनों तक मास्टरनी ही नहीं मिली। मंजूरी लोअर प्राइमरी स्कूल की हुई थी। मिडिल न सही, अपर प्राइमरी जिसने पास की हो ऐसी तो होनी ही चाहिए मास्टरनी। आखिर 'ललितकिशोरजी' के कानों तक बात पहुँची तो उन्होंने वाचस्पति की माँ से कहवाया था और वह दो दिन तक सोचती-विचारती रही, तीसरे रोज अपनी स्वीकृति जतला भेजी थी।

समाज की नकेल जिन चंद हाथों में थी, उन्हें बाचो की अम्मा का पड़ोस की बस्ती में जाकर यह पढ़ौनी करना बड़ा ही अखरा था। सारा कसूर 'ललितकिशोर' की बुढ़ौती पर ओढ़कर नाराजी के अपने-अपने दहकते अंगारों को जैसे-तैसे उन्होंने बुझ जाने दिया था, जीभ की जड़ें उलट ली थीं।

गुरुआनी को मढ़ियावालों ने रहने की भी जगह दे रखी थी। दो कोठरियाँ, छोटा-सा आँगन, तुलसी का चउरा, तनिक-सी बाड़ी, अमरूद के दो और नींबू के एक झाड़...और चाहिए ही क्या !

माँ लेकिन मढ़िया के अपने उस क्वार्टर में लगातार महीना-भर भी शायद कभी रह पाई हो। अब तो खैर बिलकुल अकेली थी, लड़की का ब्याह और गौना हो चुका था। वह ससुराल बस रही थी।

बेटे को लीडरी से फुर्सत मिलती तब न !

इस बार साल-भर बाद दिगंबर की वाचस्पति से भेंट-मुलाकात हुई थी और इसी आशा से दिगंबर पदुमपुरा आया हुआ था। पाँच रोज दोनों साथ रहे।

मास्टरनी लड़के को मना-मनाकर हार बैठी थी, वह शादी के लिए तैयार ही नहीं होता था। एक दिन दिगो के सामने एकांत में पहले, अपने दोनों हाथ जोड़कर पीछे उसकी ठुड्डी छूकर वह बोली—बबुआ, अब तेरा ही भरोसा है। अपने मीत को समझा-बुझाकर तू नहीं तो और कौन राजी करेगा ? तीन बरस से माथा पटकते-पटकते मर गई कि बेटा, मुनिया ससुराल चली गई, मैं अकेली इस घर में कैसे रहूँगी ? बहू ला दे लल्लन !...मगर, एक भी

मेरी कहाँ सुनता है मुड़हा[1] ? नहीं सुनता है दिगो !

विह्वलता से उसका गला रुँध-रुँध आया। दिगंबर के कंधे पर दाहिना हाथ रखकर रुक-रुकके वह फिर कहने लगी—बेटा, उसे क्या फिकर है ! कौन-सा पहाड़ उठाने कहती हूँ मैं ? बहू आ जाएगी तो दो मुट्ठी भात और कलछी-भर दाल का कहीं टोटा पड़ेगा भला घर में ? राम ! राम ! राम !! छोकरे की अकल पाटीवालों ने चाट ली है, कुछ भी नहीं समझता है मेरा बेटा ! पढ़ाई-लिखाई छोड़कर रने-बने[2] भटकता फिरता है, क्या तो किसान-मजूर का राज कैम[3] करेंगे, सबको जमीन मिलेगी, सबको काम मिलेगा ! कप्पार मिलेगा !! टिटियाके मर जाओगे, कुछ नहीं होगा ! देख तो रही हूँ पाँच बरस से, कौन-सा लड्डू-पेड़ा, मोहनभोग-मालपुआ हाथ लगा है ?...

दिगंबर बकर-बकर ताकता रहा और कान पाथकर सुनता रहा अपने मित्र की माँ का उलाहना—आधी आयु की उस महिला पर दिगो को दया आ गई। वह बोला—मुझे तो तुमने कहा नहीं था यह सब कभी ? अब मैं बाचो को जरूर समझाऊँगा।

इस बातचीत के अगले ही दिन वाचस्पति आ गया।

बड़ी बातें हुईं दोनों में। बिसेसरीवाली दुर्घटना और उसके प्रतिरोध का समाचार सुनकर वाचस्पति ने दिगंबर की पीठ बार-बार ठोकी, फिर उछलती-सी आवाज में कहा—चावश[4] !

—नहीं बाचो, इतने-भर से काम नहीं चलेगा।

—तो ?

वाचस्पति ने देखा, दिगंबर एकाएक गंभीर हो गया है। पीठ ठुकवाते समय खुशी की जिस उबाल को वह मुँह के अंदर दबाए हुए था, सो अब बिलकुल गायब थी। आँखों के फैले हुए कोए सिमट आए थे, साँस की गति मद्धिमतर हो गई थी, नाक के पूड़े स्पन्दन खो बैठे थे।

—क्या करना होगा ?

....

—अरे, कुछ कहोगे भी तो !

—आगे का काम...

---

1. मूढ़ बेवकूफ, 2. बंजर-वीरान और जंगल-मैदान में, 3. कायम, 4. शाबाश।

अब दिगंबर ने मुँह खोला। निगाहें उसकी वाचस्पति की आँखों पर गड़ी हुई थीं। वाचस्पति के मन-प्राण की समूची शक्ति मानो आँख-कान के भीतर बटुर आई थी।

...तुम्हारी मदद के बिना आगे का काम नहीं होगा बाचो !

वाचस्पति ने दिगंबर का कंधा थपथपाया—कहो न ?

तुम्हें बिसेसरी का दूल्हा बनना होगा !—कमांड की जमी टोन में दिगंबर ने कहा।

वाचस्पति की पलकों में तनाव आ गया, दाँतों ने मसूड़ों का दबाव महसूस किया।

अपने को सँभालकर वह बोला—दूल्हा ठीक कर दूँ यही चाहते हो न ?

—तुम्हें आखिर क्या एतराज है ?

—मेरी तो शादी करने की इच्छा नहीं है।

—इच्छा की भी तुमने खूब कही ! बता दो, उतार लाऊँगा... कहाँ टाँग रखी है अपनी यह पोटली तुमने ?

इस पर वाचस्पति को थोड़ी हँसी आ गई तो दिगंबर भी तनिक मुस्कुराया। फिर कहा—सारी बात खुलकर मैं तुम्हें बता चुका हूँ। जिंदगी-भर तो अनब्याहा तुम रहोगे नहीं, शादी एक-न-एक रोज करबे करोगे। बिसेसरी बड़ी समझदार और बहादुर लड़की है। बोझा बनकर तुम्हारी गर्दन नहीं तोड़ेगी वह। साथ रखोगे और माकूल ट्रेनिंग दोगे तो अच्छी से अच्छी साथिन बनेगी...हम गाँव-गँवई के लोग ठहरे, समाजसुधार की भी हमारी रफ्तार मद्धिम ही होगी। ऐसा नहीं कि किसी मद्रासी या पंजाबी सोशलिस्ट जवान को लाकर तुम हमारे सामने खड़े कर दो और कहो, यह रहा बिसेसरी का दूल्हा ! ऊँ हूँ, अभी यह कहाँ चलेगा ? नहीं चलेगा। तुम्हें दो रोज का मैं बखत देता हूँ, सोच लो बाबू अच्छी तरह !

वाचस्पति उठकर चहलकदमी करने लगा, दिगंबर बैठा ही रह गया। धोती के घुटनोंवाले छोरों पर चोरकाँटी लग गई थी, एक-एक करके वह उन्हें छुड़ाने लगा।

टहलते-टहलते बाचो बोला—अगर गोत्रों और वंशों के रिश्ते आपस में टकराते हों तो ?

दोस्त की ओर नजर फेंककर दिगंबर ने कहा—तुम भर मुँह

एक बार 'हाँ' तो कह दो, फिर सब ठीक हो जाएगा।

—माँ से पूछ लूँ, इसकी भी इजाजत नहीं दोगे ?

—पाँच साल से यह जो सोशलिज्म का पापड़ बेलते आए हो सो सब माँ से पूछ लिया था न ?

वाचस्पति के होंठों पर हँसी तैर आई, मन-ही-मन उसे एक प्रकार की गुद्गुदी का अनुभव होने लगा। ब्याह के नाम पर अब तक उसने एक मक्खी तक को अपनी पीठ पर बैठने नहीं दिया था। पिछले पाँच-छः वर्षों में जाने कितने लड़कीवालों ने उसके लिए चक्कर काटे थे और लौट-लौटकर वापस गए थे ! माँ उसे मनाते-मनाते हार गई थी।

लेकिन बिसेसरी की शादी का सवाल कोई मामूली सवाल नहीं था। बित्ता-आधा बित्ता-भर की छाती नहीं, गज-भर का सीना चाहिए था उसे हल करने के लिए !

तरुण वाचस्पति के प्रफुल्ल होंठों ने दिगंबर को पुलकित कर दिया। फौरन उठकर उसने अपने साथी को छाती से लगा लिया।

सोलह

दुर्गानंदन एक दस्तावेज पढ़ने में मशगूल था।

दो-तीन मुवक्किल उसे घेरकर बैठे हुए थे।

आसिन का महीना। दुपहर का वक्त। कड़ाके की धूप... दिगंबर स्टेशन से सीधे कचहरी आ गया था।

कुछ देर बाद अलग खड़ा रहा वह आशा में कि पहले नजर दुर्गानंदन की ही उस पर पड़े। मगर सो जब नहीं हुआ तो हारकर वह बरामदे पर पहुँचा।

—पर्नाम दुर्गा भइया !

—दिगो ?

पहले मुँह खुला, आँख पीछे उठी दुर्गा की। बड़ी हलतलबी[1] थी। होल्डर उठाकर पास ही बैठ जाने का इशारा किया और निगाह फिर घसीटकर लिखी मुंशियाना सतरों पर रुक-रुकके रेंगने लगी।

—क्या हाल है गाँव-घर का ?

उसी मुद्रा में दुर्गानंदन ने पूछ लिया।

1. हाल-तलबी, काम पूरा कर देने की अस्त-व्यस्तता।

दिगंबर उस छोटी-सी चौकी पर किसी प्रकार बैठने की जगह बना चुका था, बोला—सब ठीक-ठाक है दुर्गा भैया ! लेकिन इस वक्त मैं नौगछिया से कहाँ आ रहा हूँ ?

जिज्ञासा में दुर्गा की भौंहें चौड़ी होकर ऊपर खिंच गईं...निगाह पर अब भी दस्तावेज का ही कब्जा था।

दिगंबर कभी दस्तावेज की ओर, कभी मुवक्किलों की ओर, बहुत करके गउँआ[1] की ओर देख रहा था।

कैसी अच्छी खबर वह लाया था !

कितना बड़ा काम वह कर आया था !

उसने धीरे से कहा—मातृक[2] से आ रहा हूँ...

—नानी का कुशल-समाचार कहो ?

—बखत किसी तरह खेप रही है।

—मुझे घंटा-भर लगेगा इस काम में, तुम तब तक टहलो-बूलो। उधर भालू नाच रहा है, एक जादूगर भी आया है...सो सब देखो जाकर। पानी चाहो तो उधर ट्यूबवेल है, पी आओ। चाह पीछे पिएँगे दोनों जने साथ चलके...

दिगंबर को हँसी आ गई, बोला—इतमीनान से आप अपना काम कीजिए दुर्गा भइया ! यहाँ कोई हड़बड़ी नहीं है...बल्कि अपनी कोठरी के ताले की कुंजी दे दीजिए, जाकर वहीं आराम करूँगा।

दुर्गानंदन ने कुर्ते की जेब से निकालकर चाबी दिगंबर को थमा दी—जाओ।

दिगो डेरे पर आया। कंबल बिछाकर कोठरी के अंदर ही लेट गया।

जैनगर की ओर से आनेवाली ट्रेन में दरअसल आज भारी भीड़ थी। दिगंबर को बैठने की जगह कहाँ मिली थी ? वह तो घुटनों पर खड़ा होकर मधुबनी तक आया था—खजउली से राजनगर, राजनगर से मधुबनी...तीन स्टेशनों के बीच दो फासले मानो टँग करके पार किए थे। बारी-बारी से दाहिनी और बाईं बाँह उठा-उठाकर ऊपर की उन चौड़ी छड़ों को थामता आया था, जो दूरगामी पैसेंजरों के सामान की अधिकता से लचक रही थीं—डब्बे के नीचे की हिलती धुरियों से तुक मिला रही थीं। बातचीत, शोर-गुल, छींक-खाँस, धक्कम-धुक्की,

1. अपने गाँव का रहनेवाला, 2. ननिहाल।

भीड़भाड़...दिगो की तबियत भारी-भारी-सी हो रही थी, घड़ी-दो घड़ी वह घोर निर्जनता में बिताना चाहता था।

तन्हाई के लिए उसकी रूह मानो तड़प रही थी। सो, अपेक्षित एकांत स्थान अब आकर दिगंबर को मिल गया तो बड़ी खुशी हुई।

मिनटों में उसकी पलकें थकान से तनी नसों के भुलावे का शिकार बन गईं—तकिए पर माथा, गाल तले हथेली।

बाबू दिगंबर मल्लिक सो गए।

सपने में उन्होंने बिसेसरी के ब्याह का आयोजन देखा...

वाचस्पति को कई आदमी भड़का रहे थे, यह भी देखा...

फिर आधी नींद पूरी नींद में बदल गई।

साढ़े चार बजे दुर्गानंदन लौटे, तब भी दिगंबर सो ही रहा था।

—उठ दिगो, कितना सोता है !

—वँऽऽऽऽउँ‿‿‿...

दिगंबर ने करवट बदल ली और माथे को तकिए में गोज लिया !

जूते खोलकर दुर्गानंदन ने एक ओर रख दिए, कुर्ता निकालकर दीवार में ठुँकी कील से लटका दिया। फिर कंबल पर आकर दिगंबर से बिलकुल सटकर बैठा और आधी धड़ का बोझा उसकी पीठ पर डालकर स्वयं दिगो के चेहरे पर झुक गया।

—उठता है कि नहीं ?

—उठ तो गया हूँ !

—ऊँ हूँ, अभी कहाँ उठा है ?

—यह लो !

दिगंबर ने फिर करवट बदल ली तो दुर्गानंदन हँस पड़ा। बोला—वाह रे मल्लिक ! अहदीपन की यही पूँजी लेकर तुम मुखिया से मोर्चा लोगे ? हि हि हि हि...

अब वह दिगो के एक गाल पर निहायत हलकी-फुलकी चपतें लगाने लगा !

दिगंबर के हाथ में हरकत आई, अपने गाल पर से दुर्गा की हथेली हटाकर वह छाती के पास ले आया। आँख मूँदे ही पंजा लड़ाने लगा।

—अच्छा ! मस्ती चढ़ी है बाउ रे ?

अपनी उँगलियाँ कड़ी करके दुर्गानंदन ने पंजे को पहले खींचा, पीछे कसकर मरोड़ा।

दिगंबर 'ईस-ईस' करके उठा और बैठ गया।

दुर्गानंदन था भी दिगो से डबल न !

—आँख-मुँह पोंछो, चलो चाह पी आएँ।

—चलिए, लेकिन चाय नहीं।

—तो फिर कलाकंद खाएगा ?

दुर्गानंदन ने परिहास किया तो दिगंबर बुजुर्गी टोन में बोला—काम तो मैं आपका ऐसा कर आया हूँ कि बंगाली केबिन का रसगुल्ला खिलाइए चलके...

बिसेसरी के मँझले मामा की आँखें चमक उठीं। खुशी के मारे रबड़ की बचकानी गेंद की तरह उछलकर मुँह के जंगले से निकला—सच ?

दुर्गानंदन की खोपड़ी के भीतर मानो कुल्फी-मलाई का लड्डू नाचने लगा। दिगंबर को भर पाँज[1] पकड़ लिया उसने। प्रसन्नता की मात्रा इतनी अधिक थी कि बोल नहीं फूट रहा था। आज दिगो दुर्गा को मामूली कायस्थ युवक दिगंबर मल्लिक नहीं, संकट-मोचन बजरंगबली हनुमानजी का अवतार प्रतीत हो रहा था—शारीरिक बल में न सही, सूझ-बूझ की दृष्टि से तो वह अवश्य ही दुर्गानंदन के लिए संकटहरण अंजनीनंदन साबित हुआ था।

दिगंबर बाहर जाकर पेशाब कर आया। लोटा में पानी था ही, आँख-मुँह पोंछकर बैठा।

धीरे-धीरे उसने दुर्गानंदन को सारी बातें बतला दीं।

—दिगो, अब चाह पी आएँ चलके !

—नहीं, कहीं चलके पहले यह तो मालूम करें कि वाचस्पति और बिसेसरी की आनुवंशिक परंपराएँ इस ब्याह के प्रतिकूल तो नहीं पड़ेंगी। अब इसी बात पर हमारी सारी उछल-कूद निर्भर है दुर्गा भइया !

दुर्गानंदन का चेहरा भारी हो आया, साँस की धौंकनी फूलने लगी। ठोर हौले-हौले पटपटा उठे—बाबा कपिलेश्वर ! तुम्हारा ही आसरा है; देखना हो बम्भोलेनाथ !!

1. बाहुपाश में ले लिया।

कुछ देर बाद एकाएक उसे कुछ याद आया, बोला—अच्छा, अपने दोस्त के माँ-बाप की पहली पीढ़ियों के नाम लिख लाए हो ?

—हाँ, और अपनी भांजी का तो यह सब आपको मालूम होगा ही।

मंजूरी मुद्रा में दुर्गा ने माथा हिला दिया !

—यह लीजिए।

कमीज के पाकेट से निकालकर बादामी कागज की एक पुर्जी दिगंबर ने दुर्गा की ओर बढ़ा दी। कागज के उस टुकड़े पर पेंसिल से लिखा हुआ पहला वाक्य था : वाचस्पति झा, पिता श्रीपति झा, गोत्र वत्स...

—दिगो, गोत्र तो बिलकुल ठीक है। हमारी बहन का गोत्र काश्यप पड़ता है...इतना तो मुझे भी मालूम है कि वत्स और काश्यप गोत्रों में ब्याह होता है।

गोत्र का झमेला हटा तो दोनों की आधी फिकिर मिट गई !

—अपने वकील साहेब के बूढ़े पिताजी इन बातों के भारी जानकार हैं। पक्षाघात ने पस्त कर रखा है बेचारे को। यहीं अंदर एक कोठरी में पड़े रहते हैं। जाकर मैं उन्हीं से क्यों न पूछ आऊँ !

—जाइए-जाइए, फौरन पता लग जाएगा।

दुर्गानंदन अंदर गए, दिगंबर साँस टाँगकर परिणाम की प्रतीक्षा करने लगा।

पाँच-एक मिनट हुए होंगे कि दुर्गानंदन हुलसा हुआ चेहरा लेकर बाहर निकला।

दिगंबर का भी मुखमंडल उद्भासित हो उठा।

दोनों ने बेताबी से एक-दूसरे को बाँहों में कस लिया। किसी के मुँह से बोल नहीं निकल रहा था। खुशी की बाढ़ में उतराते हुए दो दिल उछल-उछलके एक-दूसरे को बधाइयाँ दे रहे थे।

थोड़ी देर बाद दोनों डेरे से निकले और उनके पैर उसी रास्ते पर बढ़ने लगे जिधर बंगाली हलवाई का 'सुभाष केबिन' था।

सत्रह

दुर्गापूजा के दिन थे।

कहीं से ढोल और पिपही की आवाज आ रही थी। बूलो अपने घर में भाई-भाभी के बड़े पलंग पर टाँगें फैलाकर तिरछा लेटा था।

पिपही पर ढोलिया क्या गा रहा है ?

जिज्ञासा में बूलो की आँखें बड़ी-बड़ी हो गईं। मन के करेंट को उसने कान की कटोरियों से छुआ दिया और सुनने लगा।

काली कमलीवाले तुझको लाऽऽखो पर्नाम !

लाऽऽखो पर्नाम !

लाखोऽऽखो पर्नाम !

तुझकोऽऽ

धत् तेरी ! सौ साल का पुराना गीत गा रहा है साला। सीसम की टहनियों से सर्द ढोल पीट-पीटकर 'टापर-टुपुर' 'टापर-टुपुर' की आवाज निकालनेवाले इन बजवैयों से भला और आशा ही क्या रखते हो ? 'पीं-पीं' करनेवाली अनगढ़ पिपही से भला और कौन-सी लय निकलेगी ?

—अजी, लय तो इस पर भी अच्छी-से-अच्छी निकाली जा सकती है ! गाने-बजाने का शऊर भी तो हो !

अपने गाँव के दोनों ढोलियों को गालियाँ देता हुआ बूलो आखिर खुद ही सीटियाँ बजा-बजाकर गाने लगा :

चुपके-चुपके बोल मैना !
...चुपके !
री चुपके !
ओ चुपके !
तू चुपके !
री मैना, तू चुपके-चुपके बोऽल !

सीटियाँ छूट गईं तो सिसकारी शुरू हुई—अब बूलो सिसकारियों से अपनी मैना को चुप करा रहा था...आँखें मूँदकर समझा रहा था, उँगली उठा-उठाकर।

बिल्ली की तरह पैर मारकर बिसेसरी अंदर आई और आहिस्ते से अपनी हथेलियाँ बूलो की मुँदी पलकों पर डाल दीं...

तोता चुप हो गया।

मैना दम साधे हुए थी।

बूलो के हाथ आगन्तुक की कलाइयाँ टटोल रहे थे।

—भाभी ?

मुलायम हथेलियाँ, पतली-पतली कलाइयाँ, रस्सी की तरह के मड़ोरदार कंगन...लाख की बूटेदार चूड़ियाँ, चार-चार...नहीं, यह भाभी तो नहीं हो सकती !

और सब ठीक, चूड़ियाँ काँच की कहाँ गईं ?

तो फिर कौन होगी यह ?

बूलो भारी असमंजस में पड़ गया।

क्या बढ़िया मौजी मूड में बेचारा अपनी मैना से निबट रहा था, एकाएक यह कौन आ गई ? क्यों आ गई ?

नहीं रहा गया, आखिर खिलखिला पड़ी बिसेसरी भी !

—बीसो !

बूलो चीख उठा।

—अब क्यों नहीं चीन्होगे ?

हथेलियाँ हटा ली थीं बिसेसरी ने। बूलो भी उठ बैठा, पराजय

की हल्की-सी भावना आँखों को भली-भाँति चमकने नहीं दे रही थी।

इतने में किसी काम से भाभी भी घर के अंदर आ गई।

—यह चुप्पी किसलिए ?

भाभी के इस कौतूहल का समाधान देवर की ओर से होता। सो नहीं हुआ तो बिसेसरी मुस्कुराने लगी और बोली—मैना को चुप करा रहे थे बूलो, मैं आई तो निगोड़ी अपनी चुप्पी इन पर लादकर खुद फुर्र से उड़ गई !

इस पर तीनों हँस पड़े।

छिक्के पर छोटी-सी हँड़िया टँग रही थी कोने में। भाभी ने उचककर उसमें से लाल मिर्चें निकाल लीं और उस घर से बाहर निकल गई।

...इस बार मिर्जापुर (दरभंगा) से दुर्गा आई है, दस रुपये लगे हैं। मुदा प्रतिमा बड़ी अच्छी है। तुम नहीं गए हो, मैं तो देख आई हूँ...सिंहवाहिनी की मूर्ति है...दस बाँहोंवाली !

बिसेसरी एक साँस में इतना कुछ बोल गई तो बूलो माथे पर दोनों तर्जनियाँ उठाकर सींगों की मुद्रा बनाकर पूछ बैठा—और महिषासुर कैसा है बीसो ?

होंठ और ठुड्डी बिचकाकर वह बोली—धड़ तक पाड़ा[1], गर्दन से लेकर माथा तक दानो[2]...और कैसा रहेगा ? उसके बारे में क्या पूछना !

—मुझको तो महिषासुर देखने में बड़ा ही अच्छा लगता है बीसो !

—उँह ! मुझे तो यह कभी नहीं सुहाया !

—अच्छा, कितनी बेहरी[3] उठी होगी इस बार ?

—जानो तुम लोग !

—क्यों बीसो ?

—यह सब पता रखना मर्दों का काम है।

बूलो तनिक चुप हो गया। फिर बोला—कई ऐसे घर हैं जहाँ के मर्द हमेशा परदेश रहते हैं या मर गए हैं, वहाँ भीतर-बाहर के सारे काम औरतें ही सँभालती हैं। सो यह कैसे होता है ?

बिसेसरी को हँसी आ गई। चतुर बुजुर्ग की तरह माथा हिलाने

1. भैंसा, 2. दानव, 3. चंदा।

लगी। कहा—ठगो मत मुझको बूलो ! सब समझती हूँ मैं...

आगे की बात सुनने की उत्सुकता से बूलो की आँख के दोनों खुले कोए दुगने फैल गए। पसरी हुई उसकी वह निगाह बिसेसरी के चेहरे को मानो पी रही थी।

...सब समझती हूँ मैं ! सोराज हुआ होगा डिल्ली और पटना में। यहाँ जो ग्राम-सरकार कायम हुई है, उसके एगारह ठो[1] मेम्बर हैं। जनानी एक्को गो[2] है बूलो ?

क्या जवाब देता इसका ? बूलो को कुछ नहीं सूझा, वह कान पर जनेऊ लपेटता हुआ बाहर निकला—सचमुच पेशाब लगी थी या बहाना था सो राम जाने !

बिसेसरी भी निकल आई।

इस बार धान की फसल खूब अच्छी थी।

हरे-हरे पौधों के बादामी-भूरे-धूलिया शीश निकल आए थे।

धान के फूलों की भीनी और जमी खुशबू बीतते क्वाँर की सलोनी सिहरन में शरद् की अनमोल ताजगी भर रही थी।

किसान मस्त होकर सवेरे-शाम अपने-अपने खेतों की परिक्रमा कर आते थे। निचली जमीन में खेसाड़ी और मटर की बुवाई चल रही थी। उपरले खेतों में लोग जौ-चना, मसूर-तीसी वगैरह बो रहे थे।

बूलो के पास रबी की फसल के लायक जमीन नहीं थी—नहीं के बराबर। पाँच-सात कट्ठा जमीन भी क्या लेखा-लायक जमीन कहलाएगी ?

आज सबेरे बूलो चार-पाँच कबई[3] मार लाया था।

ओसारे में दोचुलिया[4] पर एक ओर भाभी कबई तल रही थीं, दूसरी ओर दाल चढ़ी थी।

घर से निकलकर बिसेसरी ओसारे में बैठ गई तो भाभी ने पूछा—क्यों बीसो दाइ, तुम्हारे मामा भी तो खूब कबई लाते होंगे ? उनके कई खेतों में सुना है मछलियाँ चलबल-चलबल करती रहती हैं—कबई, सिंगी, माँगुर, गरइ[5]...

1-2. ठो, गो—पूर्वी हिन्दी के कथोपकथन में संख्या के साथ 'ठो' और 'गो' अक्सर आते हैं, यथा : दो ठो आम, तीन गो आदमी, 3. मछली की एक जाति, 4. दो मुँहोंवाला चूल्हा (मिट्टी का), दोचूल्हिया, 5. मछली की जातियाँ।

—आ दुर ! किसने कहा है भाभी आपसे यह सब ?

—माहे बतला रहे थे।

—उँह् ? वो तो भारी गप्पी हैं भाभी !

—दिगंबर भी गप्पी हैं ?

दिगंबर के नाम पर बिसेसरी चुप हो गई।

उसके टुनाई और बुदुर मामा तीन-चार बार मछलियाँ लाए थे। दो-एक बार बुदुर के मुँह से बिसेसरी यह भी सुन चुकी थी कि भीमतालचर के पास जो चार कट्ठा धानवाला खेत है, उसमें अबके जाने कैसे इतनी मछलियाँ आ गई हैं। चर[1] के उस ओर दुसाधों और मुसहरों की एक बस्ती है मुसाईपट्टी। वहाँवाले रात को आकर मछलियाँ मार ले जाते हैं...कौन रखवाली करे इन मछलियों की !

कुछ हो, माहे मामा ने जरूर बढ़ा-चढ़ाकर कहा होगा !

खक्खक्खखा ऽऽऽऽ खा क्खा ऽऽ...

गला साफ करने की यह बूलो की आवाज थी।

बिसेसरी चकुआई—हैं कहाँ यह ?

भाभी ने हँसकर कहा—खानदान ही यह हनुमानजी का ठहरा ! वह देखो, अमरूद की डाल पर लंगूर बैठा है !

नाक के पूड़े, होंठ के कोर और ठुड्डीवाला गढ़ा—सबको सिकोड़कर मुस्कान को दबा लेने की चेष्टा की बिसेसरी ने; कि उधर बूलो अमरूद की डाल पर से कूदा, धम्म !

—लो, मैं कहती थी न !

भाभी खिलखिला उठीं, बिसेसरी ने खुलकर साथ दिया।

भर फाँफड़[2] अमरूद थे। बूलो ने बरामदे पर उझल[3] दिया। एक बड़ा-सा उठाकर उस पर वह सामनेवाले चार-चार दाँत गड़ा चुका तो पलकों के इशारे बिसेसरी पर पड़े—लो, तुम भी अमरूद खाओ !

एक पीला-सा डम्भक अमरूद उसने हाथ बढ़ाकर उठा लिया। धीरे-धीरे खाने लगी।

पहला अमरूद खा चुका तो सहज लहजे में बोला बूलो—भाभी, दिगो ननिहाल से आ गए हैं...

जिज्ञासा की अधिकता के कारण भाभी ने मुँह बा दिया।

---

1. बरसाती झील, 2. मर्दाना धोती का आँचल, 3. डाल दिया, धर दिया।

आधा खाया हुआ अमरूद, आधी उठी हुई हथेली...बिसेसरी का स्तम्भित शरीर किसी वस्तुवादी मूर्तिकार के शिल्प का सुंदर नमूना बनकर रह गया।

अब आगे बूलो के मुँह से क्या निकलेगा ?

भाभी का दिल धड़क रहा था।

बिसेसरी काठ की तरह निश्चेष्ट हो रही थी।

दूसरे अमरूद पर हाथ डालते हुए बूलो बोला—भारी काम कर आए हैं दिगो। सब ठीक हो गया। अगहन सुदी दशमी के दिन लगन तक ठीक कर लिया गया...दुर्गा चाचा की राय से सबकुछ हुआ है...

ह ऽ !

भाभी ने फक् से निसाँस छोड़ी।

फूल-सा हल्का माथा लेकर बिसेसरी वहाँ से उठी और आँगन से बाहर निकल गई।

अठारह

दुर्गानंदन दुर्गापूजा की छुट्टी में चार रोज के लिए घर आया था।

माँ और बहन से उसने सारी बातें बता दी थीं। दोनों खुश हुईं और आतुर होकर भगवती दुर्गा से प्रार्थना की—जल्दी से जल्दी पार-घाट लगाओ मइया !

समस्तीपुर जाकर दुर्गा बच्चन से भी स्वस्ति ले आया। भला, इसमें असहमत होने की क्या बात थी ? हाँ, अंत में बच्चन ने कहा—बाबूजी को सूचित कर देना क्या बुरा होगा ?

—बुरा तो नहीं होगा, मगर अड़चन जरूर पड़ सकती है फिर !

—तो, रहने दो !

बस...

दिवाली के दिन दिगंबर और दुर्गानंदन पदुमपुरा पहुँचे। वाचस्पति को पहले ही खबर कर दी गई थी, वह घर पर ही मिला।

एक मित्र की तरह खुले दिल से उसने दुर्गानंदन का स्वागत किया। दोनों देर तक इधर-उधर की बातें करते रहे।

वाचस्पति का बर्ताव दुर्गानंदन को बड़ा ही मोहक लग रहा

था। बाचो ने खुद ही वह बात छेड़ दी—आप लोग सामाजिक विषमता के कारण जिस मुसीबत में फँस गए थे, उसके बारे में दिगंबर से मेरी काफी चर्चा हो चुकी है और हमने जो फैसला किया सो आपको मालूम हो गया होगा...

—तभी दौड़े आए हैं ! जो समूचे देश की दुर्दशा पर दुखी रहता हो और देश की भलाई के लिए खुद फकीरी भेस धारण किए हुए हो, उससे भला किसका क्या छिपा रहेगा और कब तक ?

वाचस्पति ने कहा—व्यक्ति का संकट ही समाज का संकट है और समाज का संकट समूचे देश का संकट है। है न ?

दबी हुई लिबलिबी टोन में दुर्गानंदन ने कहा—जी, बिलकुल दुरुस्त है आपका कहनाम[1] !

खादी की धोती, सफेद-पीली-भूरी धारियोंवाली हॉफ कमीज...ऊपर सुराहीनुमा गर्दन पर गोल और मँझोली आकृति का मस्तक। सूरत गेहुँआ, आँखें साफ और साधारण ढंग की। नाक-कान-कपार भी इसी अनुपात में पड़ते थे। बाएँ पैर पर घाव का गहरा निशान था। दोनों पैरों की दसों उँगलियों के बढ़े हुए नाखून तूफानी जीवन की अस्तव्यस्तता के सबूत थे।

दुर्गानंदन देर तक वाचस्पति की शकल-सूरत को देखता रहा।

क्या उमर होगी इनकी ?

दिगो ने एकइस बतलाया था, बाइस होगी जास्ती से जास्ती...इससे अधिक तो एकदम नहीं। दिगंबर की बीस है कि एकइस ? एकइस !

फिर तो हद से हद बाईस वर्ष के होंगे यह बाबू साहेब...

कि इतने में अंदर से घी में तले हुए मखाने दुर्गानंदन के सामने आ गए—फुलही तश्तरी में। लानेवाली थी आठ-नौ साल की एक लड़की। दूसरे हाथ में वह पानी ले आई थी, अपखोरा[2] में भरकर।

—नाश्ता कीजिए !

—जी, इसकी मगर क्या जरूरत थी ?

वाचस्पति को दुर्गानंदन की तकल्लुफी पर हँसी आ गई, लेकिन वह कुछ बोला नहीं।

अब दिगंबर उसी आँगन से बाहर निकला। बैठके में आकर

---

1. कथन, कहना, 2. काँसे का पुराने किस्म का गिलास, गोड़ीवाला।

बोला—वाचस्पति, जाओ, तुम भी नाश्ता कर आओ !

—और तुम ?

—मुझे तुम्हारी माँ ने यों थोड़े फुर्सत दी है ?

वाचस्पति आँगन की ओर गए।

दुर्गानंदन खूब प्रसन्न थे। वाचस्पति की माँ का क्या रुख है, यही जानना शेष था। सो बाबू दिगंबर मल्लिक उस बेचारी का हृदय अच्छी तरह मालूम कर चुके थे। वह, उलटे, दिगो को भर-भर सूप असिरबाद[1] दे रही है ? कह रही थी—तुमने मेरे लड़के को कौन-सी जड़ी सुँघा दी है ? चार साल से मनाते-मनाते मैं हार गई थी और तुम चुटकी बजाते-बजाते उसे रिझा बैठे ! इसको कहते हैं जादू...

लड़की की शकल-सूरत और सील-सुभाव के बारे में मास्टरनी दिगंबर से पहले भी सुन चुकी थी, इस तरफ से वह बेफिक्र थी। दिगंबर की बातों पर उसे पूरा विश्वास था।

एक बात उसने बार-बार पूछी थी—उमिर कितनी है लड़की की ?

चौदह।—दिगंबर ने कहा था।

—मेरी कसम ?

—हाँ, मामी, अपनी कसम !

—अपनी नहीं, कहो, मेरी कसम !

—आपकी कसम !

तब जाकर वाचस्पति की माँ को तसल्ली हुई और वह भर मुँह बोली थी—अगले साल बाबू तुम्हारा भी ब्याह होके रहेगा !

—धत् !

—गाँठ बाँध लो, न हो तो...

पीढ़ा छोड़कर दिगंबर उठ गया था, शरमा गया था न ! आँगन के बीचोबीच थोड़ी देर टहलता रहा था तो मास्टरनी ने नाश्ता के लिए बुला लिया था...

दुर्गानंदन नाश्ता करके पानी पी चुके तो दिगो बोला—समय नहीं है अब, साढ़े चार बजे की ट्रेन पकड़नी होगी और मधुबनी उतरकर रामनगर जाना होगा पंजियाड़[2] के पास—

1. आशीर्वाद, 2.पंजीकार (मैथिल ब्राह्मणों को शादी-ब्याह की लिखित अनुमति देनेवाला रजिस्ट्रार।)

जेब से छोटा सरौता और सुपारी निकालते हुए दुर्गानंदन ने कहा—बातचीत हो गई, मैं बिलकुल तैयार हूँ।

—ठहरिए, मधुबनी तक तो बाचो भी चलेगा।

—वाह ! वाह !! फिर क्या कहना !

थोड़ी देर बाद तीनों स्टेशन आए, दस-पंद्रह मिनट बाद ट्रेन आई। भीड़-भाड़ मामूली थी। बैठने की जगह अच्छी तरह मिल गई।

बातचीत में वाचस्पति ने इस मुद्दे पर जोर दिया कि फिजूल का आडंबर न तो कन्यापक्ष करे और न वर-पक्ष ही। निहायत सादगी से सारे काम निबटाए जाएँ...

दुर्गानंदन को यह मानने में भला क्या आपत्ति होती ! बार-बार उसने भी कहा—जैसा आप चाहेंगे, बिलकुल वैसा ही होगा...

मधुबनी स्टेशन पर तीनों उतर गए और चौराहे की पान की दूकान तक साथ गए।

चार-चार बीड़े पान सबने मुँह में डाले। दाम वाचस्पति देना चाहता था, परंतु दुर्गानंदन ने आग्रहपूर्वक उसे रोक दिया, खुद उसने कीमत चुकाई। टिकट लेते वक्त भी यही नाटक हुआ।

पान खाने के बाद दिगंबर और दुर्गा उत्तरवाली सड़क पर आगे बढ़े, वाचस्पति ने अपना रुख पच्छिम की ओर किया।

उन्नीस

समय पर वर्षा होती गई हो, बाढ़ और सूखा का हमला न हुआ हो तो अगहनी फसल कतकी नहान के बाद ही खलिहानों में पहुँचने लगती है।

पंडिताइन ने सूआपंखी धान का हरियल चूड़ा कुटवाकर सँभाल रखा--दस तामा याने कच्ची तौल से दो पसेरी।

कैसी भी सादगी से ब्याह होगा, दस सेर चूड़ा तो चाहिए ही। अगहन में शादी हो किसी के घर और अगता[1] धान का चूड़ा न जुटे !

साठी, कतकी और असिनी—ये धान पहले ही तैयार हो जाते हैं--अधिक तो नहीं, गौरी ने एक कोली[2] में कतकी रोप रखी थी सो काम आई। नहीं तो, अधपकी फसल काटकर कौन किसी को धान देता है ?

जेठ में ब्याह नहीं हो पाया तो क्या अगहन की लगन भी

---

1. और-और किस्म के धान से पहले ही तैयार हो जानेवाला, पहले का रोपा हुआ, 2. निहायत छोटा खेत, बड़ी क्यारी।

खाली लौट जाएगी ?—गौरीनंदन को लोग लाख कामचोर कहें, है मुदा भारी दूरन्देश ! उसी के पर्ताप से सूआपंखी धान का यह दस तामा चूड़ा जुटा पाई हूँ—पंडिताइन बार-बार सोच रही थी और मन-ही-मन गौरी को अच्छा डाक्टर बनने का असिरबाद दे रही थी।

बात फैलने नहीं दी गई, दिगंबर और दुर्गानंदन की कड़ी हिदायत थी कि जब तक दूल्हा बस्ती में आ नहीं ले तब तक होंठों को सिए रहना।

योजना यह थी कि लगन की निश्चित तिथि से एक दिन पहले ही दिगंबर वाचस्पति को अपने घर ले आएगा। थोड़ा-बहुत फल-फलहारी, पान, मिठाई वगैरह सामग्री लाने की जिम्मेदारी टुनाई ने ली। पद्धति हाथ में थामकर पुरोहिताई का काम बच्चन के सुपुर्द; दो दिन का अवकाश लेकर वह ऐन मौके पर पहुँच जाएँगे। भाभी, माहे की माँ, मँझली बहू, खंजन, पंडिताइन और रामेसरी और सुवधा की माँ—बस, इससे अधिक औरतों का जमावड़ा नहीं होने दिया जाएगा। बड़ी और छोटी बहुएँ किसी तरह की नुक्ताचीनी नहीं कर पाएँगी—दिन को नहीं, रात के वक्त शादी होगी। हेहुआ और गोनउड़ा सेवा-टहल या मेहनत-मशक्कत के कामों के लिए मुस्तैद रहेंगे—बिसेसरी को तैयार रखने का भार रामेसरी पर।

फिर भी, दो-तीन दिन पहले ही मुखिया को भनक मिल गई। उसके जी में आया कि पंडिताइन की बीमारी का एक्सप्रेस तार देकर खोंखा पंडित को क्यों न बुला लिया जाय ? दिगंबर और दुर्गानंदन की सारी होशियारी कोई आकर घुसाड़ दे तो क्या हर्ज है ? पर, नहीं—पंडित तो बहुत ही बुड्ढा हो गया है, दो नहीं चार साल अधिक से अधिक और जिएगा। तो, इन छोकरों से जिन्दगी-भर का बैर मोल लेकर अपने को आखिर क्या हाथ आएगा ? ठूँठ ठूँठ है, बिरवा बिरवा ही ठहरा। पुरानी पीढ़ी के उस खूसट का बस चले तो फिर बिसेसरी के लिए सत्तर साल का कोई मुर्दा आ जाय दूल्हा बनकर ! छी-छी-छी-छी !...माहे और दिगंबर ने उस बुड्ढे को खदेड़कर बिलकुल ठीक किया था—

अपने दालान पर अकेला ही बैठा था मुखिया, तख्तपोश पर। पीठ दीवाल से टिकी हुई थी।

तिपहरिया का ढलता सूरज !

छाँह में बैठे रहने पर भी तन-मन को हेमन्ती बयार अखर कहाँ रही थी ? नहीं अखरती थी कि ! तनिक भी नहीं।

मुखिया की पलकें पूरी खुलीं, निगाह का मगर थाह-पता नहीं था। मीठी चितवन, कपार पर तितलीनुमा टिकली, गीले सेंदुर की बारीक रेखावाली सींथ–

यह कौन थी जो मुखिया के अंतश्चक्षु पर हावी हो रही थी !

यह कौन थी जो मुखिया की समूची चेतना को प्रतिमा के अपने घेरे में खींच लाई थी ?

यह कौन थी जो मुखिया को नई पौध के प्रति अधिक-से-अधिक संवेदनशील होने के लिए बाध्य कर रही थी ?

कांता थी यह, मुखिया की अपनी लड़की। अपने बाप की एकमात्र संतान–बेटा समझो तो यही और बेटी समझो तो यही ! पिछले ही बैसाख में गौना हुआ था, आजकल ससुराल में थी।

बिना कांता के, समूचा घर-आँगन मुखिया के लिए मसान था। मुश्किल से ये सात महीने कटे। माघ में आनेवाली थी। मुखिया को चिरौरी करनी पड़ी थी तब कहीं कांता के ससुरालवाले रुखसदी के लिए राजी हुए थे।

दामाद कलकत्ते में नौकरी कर रहा था, घड़ियों की किसी दूकान में किरानी का काम। गौना कराके ले गया सो पंद्रह रोज ही घर रहा। अब होली की छुट्टी में आनेवाला था।

तेईस-चौबीस साल की आयु, दुहरा बदन, बड़ी-बड़ी आँखोंवाला गोल-मटोल चेहरा, गेहुँआ सूरत...काफी मेहनत के बाद ऐसा अच्छा दूल्हा हाथ लगा था–ससुराल में दस दिन-रात पति के साथ बिताकर कांता ने अपनी टेढ़ी-मेढ़ी लिखावट में जो पोस्कार्ड भेजा था, उसका एक-एक शब्द मुखिया को याद आ रहा था इस वक्त।

आँखें तर हो आईं तो ध्यान में कांता का वही मुग्ध मुखमंडल चिकनी मिट्टी के पीताभ प्रलेप से पुतकर बिसेसरी का मुखड़ा बन गया।

–तू कौन है ?

–मैं ? कांता हूँ मैं, वाह ? इतनी जल्दी भूल गए !

–नहीं, तू कांता नहीं हो सकती ! हर्गिज नहीं !!

–नहीं ? बाबा, मैं कांता ही हूँ...मगर–

–मगर ?

—मगर, मैं अब तक क्वाँरी हूँ ! दूल्हा होने को कोई राजी नहीं होता...तुम लोग एक बुड्ढे को ले आए थे, छोकरों ने उस अहमक को खदेड़ दिया। अब वह घूम-घूमकर समूची दुनिया में कहता फिर रहा है : मुखिया की बेटी की सींथ में सेंदुर तो मैं भर आया, अब गौना हो, चाहे नहीं हो...जहाँ कहीं कोई मुझसे ब्याह करने को तैयार होता है, यह बुड्ढा जाकर उसे रोक देता है ! एक-दो नहीं, चार-चार आदमी बुड्ढे के बहकावे में आ चुके हैं। बाबा, मैं जिन्दगी-भर अनब्याही रहूँगी ?

मुखिया बुदबुदा उठा—नहीं-नहीं, बेटी, अबकी बड़ा अच्छा दूल्हा आ रहा है तेरे लिए ! तू भला क्वाँरी रहेगी ? ...

उसने धोती के खूँट से आँखें पोंछ लीं। थोड़ी देर काठ-सा चेष्टाहीन बैठा रहा, फिर लेट गया।

पलकें झिप गईं।

उधर खंजन—पाठक की भतीजी और बीसो की सहेली बड़ी चतुराई से दूल्हा के बारे में तमाम बातें मालूम कर आई थी। कुछ तथ्य उसे दिगंबर की अम्मा से हासिल हुआ था और बाकी बूलो की भाभी से।

नहाते समय जनाना घाट पर दोनों सहेलियाँ देर तक बैठने लगीं—दाउर[1] की जगह मोटे काठ की एक गाँठ पड़ी थी, घुटने-भर पानी में बाँस के दो छोटे खूँटों के सहारे बैठाकर अचल-अडिग कर दी गई थी। भीगे कपड़ों की चोट खा-खाकर उसका सीना सपाट और चिकना हो गया था। सुख-दुख बतियाने का अनूठा मंच था वह औरतों के लिए।

ब्याह से पहले रोज की बात है :

खंजन ने आँखें नचाकर कहा—ले, अब कितना उड़ेगी बीसो ?

जवाब में एक जोड़ी संजीदा निगाहें उसकी ओर उठीं, उत्कंठा का आवेग दबाने में अच्छी सफलता हासिल कर ली थी उन्होंने।

खंजन तनिक मुस्कान उभार लाई अपने होंठों के बाँध पर, फिर बिसेसरी की आँखों में झाँककर देखा—छन-भर देखती रह गई, तब जाकर बोली—तेरा वो हिरामन तोता अपने मजबूत डैनों पर तुझे लिए-लिए उड़ता फिरेगा...

1. दारु, काठ (कपड़ा धोने-पछीटने के लिए)।

—भग् !

—मैं झूठ कहती हूँ ?

—च्छीः !

—फ़िर वही बात ?

बीसो के कान इस प्रकार की चुहलबाजी से अब तक बिलकुल अनजान थे। उसका दिल बुरी तरह गुदगुदा उठा।

अपनी लाज को ज्यादा बेपर्द होने देना उसे जाने कैसा-कैसा लगा, सो, बिसेसरी अंजुरी-भर पानी खंजन के सिर पर उछालकर भर-छाती पानी में कूद पड़ी—झपाक् !

पानी से माथा बाहर निकाला तो खंजन की खिलखिलाहट ने उसके कानों में फिर मीठी चुभन पैदा कर दी...

कुछ बोलना नहीं चाहती थी बीसो ! न हँसना चाहती थी, न मुस्कुराना। भर मुँह पानी था ! पीठ फेरकर वह गर्दन और छाती मलने लगी।

पीठ पर छितरे लंबे, काले बालों से पानी अब भी गिर रहा था—गर गर गर गर गर...

अपने बहनोई के मीठे गले से गुनगुनाया हुआ विद्यापति का एक पद खंजन को याद हो आया। वह रेघाकर[1] गाने लगी—

चिकुर गरए जल-धा ऽऽ रा ऽऽ !

मुख शशि-डर जनि रोअए अन्हा ऽऽ रा ऽऽ ![2]

बिसेसरी ने चीखकर कहा—अब मैं तुझे काट खाऊँगी ! ठहर जरा....ऊपर आकर वह खंजन की साड़ी का पल्ला खींचने लगी तो नंगी हो जाने के डर से वह भर-छाती पानी में कूद पड़ी।

अब वे एक दूसरे से गुथी हुई थीं।

बीसो ने उस पद का मतलब नहीं समझा। रेघाते समय खंजन की मुद्रा और लय के क्रम ऐसे थे कि अश्लील-से, अपरिचित-से भावों की उत्कट गंध मालूम पड़ी बिसेसरी को; नाहक !

इतने में नानी खुद इसी ओर आती दिखाई दी बीसो को। फिर दोनों शराफत की पुतलियाँ बन गईं और उसी तरह चुपचाप पानी से बाहर आने लगीं, जैसे चरवाहे की उठी हुई लाठी देखकर भैंसें।

---

1. तरन्नुम में आकर, लय में आकर, 2. बालों से पानी की धारा गिर रही है, मुखचंद्र के भय से मानो अंधकार रो रहा है !

बीस

ब्याह की सभी विधियाँ बिना किसी अड़चन के समपन[1] हो गईं।

गाँव के बड़े-बूढ़े वर-वधू के माथे पर दूब-अच्छत छींटकर आशीर्वाद दे गए थे—फतूरी, मुखिया, परमानंद पाठक, जोतखीजी, श्रीनारायण प्रतिहस्त, जयनारायण मल्लिक, मधुसूदन कंठ, स्कूल के दो मास्टर...

तिरहुतिया ब्राह्मणों के रिवाज के मुताबिक, शादी के बाद की चौथी रात सुहागरात थी। आज ही दूल्हा-दुलहिन ने नमकीन खाना खाया था, आज ही वे साथ सोनेवाले थे।

ब्याह के बाद भी तीन दिनों तक बिसेसरी मानो क्वाँरी ही रही, साड़ी का पल्ला माथे पर तो आज आकर पड़ा था !

कल दुपहर को नानी सो गई थी। माँ कहीं गई थी। मँझली मामी उड़द की भीगी दाल से छिलका निकालने गई हुई थी, पोखर। बड़ी मामी का बच्चा बीमार था, सो वह उसे अगोर रही थी। छोटी मामी किवाड़ उढ़काए घर में जाने कौन-सा जप ठाने बैठी थी।

1. सम्पन्न, सम्पादित।

मतलब यह कि अकेली बिसेसरी भनसा[1]-घर के ओसारे पर खँभेली से पीठ टिकाए बैठी थी। सामने वह घर पड़ता था जिसमें दूल्हा का आसन था। उसी के अंदर वर-वधू से गौरी का पूजन कराया जाता। दरवाजे के अलावा दो बड़े जंगले थे उसमें, आँगन में इसी ओर खुलते थे वे। एक जंगले से सटाकर तख्तपोश थी उस घर में। जंगले की किवाड़ियाँ तिर्छी खुली थीं। दूल्हा बैठा दीख रहा था...

तब बिसेसरी ने जी भर अपने दूल्हे को देखा। गेहुँआ सूरत का वह तरुण सौंदर्य छोकरी को बड़ा ही मोहक लग रहा था—भरी-भरी-सी पीठ, गोल-गोल बाँहें, पुष्ट और मांसल कंधे, गोल माथा, काले-काले भँवरों-से बाल....और कंठ कैसा बढ़िया है ! ओह, तनिक सामने से देख पाती ! उँह !

दूल्हा भक्कू थोड़े था ?

वह भी तो नयनसुख के इस व्यवसाय का साझीदार था ही !

चट से सामने की ओर मुँह करके बैठ गया।

पल-भर के लिए आँखें चार हुईं।

घुप्प-अँधेरे की टार्च-सा अनुभव हुआ...फिर कहाँ बैठी रह पाई बिसेसरी, मुँह फेरकर उठ गई और तनिक आड़ में जाकर खड़ी रही। गाढ़ी मुसकान से समूचा मुखमंडल अरुणाभ हो उठा था।

दूल्हा घर से बाहर निकलता आँगन की ओर, तो यों नहीं निकल जाता, खड़ाऊँ की खटखटी अलार्म बजती, फिर घर-आँगन के लोग सावधान जो जाते : ओझा बाहर निकलेंगे !

लेकिन उस वक्त तो कल गजब कर दिया दूल्हे ने !

बिसेसरी आड़ में खड़ी-खड़ी कहीं चलकर सोने की बात सोच रही थी। फिर जँभाई आ गयी उसे और फिर अँगड़ाइयाँ लेने को बाँहें ऊपर उठाने लगी।

कड़ाई से बाँहों को बीसो ने ऊपर उठाया।

अब पीठ की रीढ़ तनने जा रही थी...

चोली या आँगी भला इन तीन दिनों के अंदर बदन पर कहीं कोई डालती है ?

सीने पर की साड़ी सिमटकर एक ओर को हो गई थी।

पीठ की रीढ़ को तानकर कमर में छोकरी ने झटका दिया ही

---

1. रसोईघर।

था कि दूल्हा बिल्ली की तरह पैर मारकर निकला और आँगन के बीचोबीच आके खड़ा हो गया !

नजरें मिलीं तो बिसेसरी धड़धड़ाकर रसोईघर के अंदर घुस गई।

दूल्हा कुछ देर तक मुस्कुराता रहा–

और, आज क्या होगा ?

आज ? आज तो रात भी अपनी है, आदमी भी अपना है !

इक्कीस

मँझली मामी ने बिसेसरी को दूल्हेवाले घर का दरवाजा टपाकर भीतर पहुँचा दिया, बाहर से किवाड़ उढ़का दिए और हट गई।

दूल्हे की पलकें तनिक झिप आई थीं, सो पायल की रुनझुन और गहनों की खनखनाहट से चंचल हो उठीं।

अगहन का उजेला पाख।

रात डेढ़ पहर से ऊपर नहीं हुई होगी।

बाहर साफ और सुहावनी अँजोरिया[1] का राज था।

जंगले की किवाड़ियाँ डेवढ़ लगी थीं, उनके फाँकों में से होकर हेमन्ती ओस की जूहिया नमी भीतर पहुँच रही थी—मिठास-भरी सर्दवाला तरुण समीर इस काम में उसकी मदद कर रहा था।

तख्तपोश पर आज बिस्तरा बाकायदा था।

नीचे काँसे की पीकदान थी।

सूरजछाप वाले मटिया तेल से भरी नए मॉडल की अमेरिकन लालटेन मद्धिम करके एक ओर रखी थी...

1. चाँदनी।

दूल्हा आहिस्ते से उठ बैठा, लेटा हुआ था न !

देखा, धानी रंग की रेशमी साड़ी में अपने को पूरी तरह ढके हुए दुलहिन दरवाजे के करीब खड़ी है। घूँघट का झुका छोर बता रहा था कि वह माथा झुकाए खड़ी है।

दूल्हा बिस्तरे से नीचे उतरा, खड़ाऊ नहीं डाली पैर में। जाकर पहले किवाड़ों का बिलइया लगा दिया, फिर बाँहों से थामकर दुलहिन को तख्तपोश के निकट ले आया। उसके कंधे दबाकर फुसफुसाया—बैठ जाओ !

वह बैठ गई। तब दूल्हा भी तनिक हटकर बैठा।

—अब इसकी क्या जरूरत है ?

घूँघट हटा दी गई तो दुलहिन ने अपनी नजरों को चुरा लिया, होंठों को जब्त किए रही।

—आखिर कब तक ?

कुछ जवाब नहीं, इशारा तक नहीं ! वह प्रतिमा की तरह बैठी रही। पैर तख्तपोश से नीचे लटक रहे थे।

—अच्छा, आओ, दो बाजी ताश खेल लें। सुना है, खूब खेलती हो।

—ईह ! ताश है कहाँ ?

—है कि !

दूल्हे ने लाख कोशिश की मगर वह अपनी मुसकान को पचा नहीं पाया, उसे मुस्कुराते देखकर दुलहिन शरमा गई कि बिना 'मुँह-बजावन'[1] के ही वह बोल पड़ी !

सिरहाने से ताश निकालकर दूल्हा पाल्थी लगाकर बैठा।

—आओ, आमने-सामने बैठो ! मैं पत्ती बाँटता हूँ, तुम रंग बोलो !

जादूगर की छोकरी-जैसी दुलहिन सामने हो गई !

आधी पत्तियाँ ही बँटी थीं कि दूल्हे को कुछ याद आया। ताश छोड़कर वह तख्तपोश के नीचे झुका। अपनी लीडराना अटैची खोलकर कोई चीज निकाली। फिर आमने-सामने होकर उसने दुलहिन का दाहिना हाथ माँगा कि देखेगा।

1. 'बिना कुछ लिये मुँह से एक शब्द भी न निकालना' दुलहिन को यह सिखा दिया जाता है, दूल्हा कोई वस्तु (या नगद) 'बोलवन' के तौर पर देता है, तभी वह मुँह खोलती है।

हथेली फैली तो उस पर दूल्हे ने सोने की एक अँगूठी धर दी...

बिसेसरी ने उठाकर गौर से देखा—'वाचस्पति' अंकित था नीले हरफों में मुँदरी के मत्थे पर...मुस्कुराकर बोली—यही नाम है ?

हाँ, यही नाम है मेरा !—दुलहिन के गाल पर मीठी चपत लगाकर दूल्हा हँसा तो दुलहिन तनिक झेंप गई।

—लाओ, पहना दूँ ! मगर अपना नाम बताओ....

—बिसेसरी !

लाज और संकोच से सम्पुटित मृदु-मंद स्वर वाचस्पति के कानों को ग्लेसरीन की तरह शीतल एवं सुखस्पर्श लगा।

—घर के लोग क्या कहते हैं ?

—बीसो।

—माँ क्या कहती हैं ?

—कभी बुचिया, कभी बुच्चनि...

वाचस्पति बिसेसरी के दाहिने हाथ की अनामिका उँगली में अँगूठी डालने की कोशिश कर रहा था।

गोरी, छरहरी...नुकीली नाक, फाँक-सी आँखें, ढले-उभरे गाल, चौड़ा कपार, काले-लंबे बालों का भारी जूड़ा...और ठुड्डी व होंठ दोनों तो साँचा पर से अभी-अभी निकले हैं...उम्र पंद्रह होगी या सोलह ?

कैसी खूबसूरत जीवन-संगिनी मिली है उसे !

अँगूठी आखिर आ गई उस उँगली में—बीसो के काजलवाले वे नैन लालटेन की मद्धिम रोशनी में भी एक अनूठी चमक से जगमगा उठे।

लेकिन मैं तुम्हें बिस्सी कहा करूँगा !—वाचस्पति ने कहा और अपने उतावले होंठ बिसेसरी के बाएँ गाल की तरफ बढ़ा दिए...